ハッピー
保育books①

先輩保育者がやさしく教える

0·1·2歳児担任の保育の仕事まるごとブック

鈴木みゆき／監修
池田かえる／著（本文・イラスト）

ひかりのく

監修のことば

保護者のニーズが多様化する今、乳児・低年齢児の保育はさまざまな転換が求められています。家庭的保育、長時間の保育、病児・病後児の保育…。でもどんなに保育形態が変わったとしても、一番大切なのは子どもの最善の利益。ひとりひとりを大切にする心だと思います。

本書は、保育の現場に初めて「先生」として立った保育者～若手と呼ばれる５年以内の保育者の方に「乳児保育の心」を届けるために作られました。幼い子どもにとって一日と同じ日はありません。保育者は子どものしぐさや言葉（音声）、動きの発達などを見守る子どもの応援団です。また初めての集団生活で期待と不安に揺れる保護者の気持ちにより添い、地域と共に子育てを担うパートナーでもあります。だからこそ保育者には学びが必要です。

本書は保育者にとって重要な“気づき”をたくさん載せてあります。池田かえるさんの保育のセンス、そして愛に満ちたイラストにほっとさせられるでしょう。ページをめくるたび、ここにもそこにもある日常の保育の姿を楽しく学んでください。そして一日の保育が終わったときに、またこの本を開いて自分の保育を見直してください。本書がそのための参考資料となれば幸いだと思います。

鈴木みゆき

はじめに

保育士になりたての頃を振り返ると、子どもたちを目の前に、どんなことばがけをしたらいいのか、どのように接したらいいのか、とまどいがたくさんありました。新任の先生をはじめ、経験の浅い先生方にとっては、いろんな場面のお話を聞きたいところだと思います。

私は、たくさんのかわいい子どもたちや保護者と出会い、先輩からは 多くのことを教えてもらい、支えてもらいました。

本書では、今までの保育経験から、新任の頃に困ったこと、悩んだことを思い出しながら紹介しました。実践例もいくつかあげていますが、それらはひとつの例でしかありません。保育者がひとりひとり違うように、子どもたちもひとりひとり違うので対応は異なります。目の前の子どもを大切にした保育のための手がかりとなればと思います。

保育は、心と心を通わせるとっても素敵な職業です。忙しい毎日でも、疲れていても、子どもたちの笑顔を見れば、なんでもがんばれるという気持ちや元気をもらえますよね。そんな気持ちを大切にしてほしいと思います。

本書を少しでも、毎日の保育の参考やヒントにしていただけたらと思います。私も悩んだことが、同じ悩みを抱えている先生方への励ましになればうれしいです。

池田かえる

本書の特長

この本は、0·1·2 歳児の担任になってとまどうことや不安に思うことなどに対して、現場経験の豊富な先輩保育者からのアドバイスを、イメージしやすいイラストとともに満載した本です。保育者としての心構えや知識、技術を、新任の保育者はもちろん、もう一度保育の基本を押さえたい、確かめたい保育者にとっても、役だつ情報がたくさん掲載されています。本書は、何でも教えてくれる先輩そのものです。読んで、実践を繰り返すうち、保育の力が高まります。

特長 1 いろんな場面に対応!!

著者が長年培ってきた実践経験を基に、また、現役保育者の実践例も参考に編集しています。問題確認から実践の見通しへ、さまざまな例の失敗や反省から積み上げられている気づきがよくわかります。保育の参考にして役だててください。

ラインナップ、56 例。
項目で見えてくる
対処と対応。

特長 2 イラストでわかる!!

元保育士のイラストレーターが現場の雰囲気をそのまま伝えています。コミカルで、臨場感あふれた現場のようすが再現されているので、より身近に感じられます。

ふんだんなイラストで、
現場のようすが
ひと目でわかる。

特長 3 キーワードでわかる!!

項目に対応したキーワードをあげて解説しています。専門知識やアドバイスが、短く、わかりやすくコメントされています。

キーワード解説で、
専門的な知識が
押さえられる。

特長 4 付録もスゴイ!!

「イザというときのために(安全・健康情報)」「離乳食の進め方」「保育の基本·指導計画」「先輩保育者からのメッセージ」も心強い味方です。

4 つの付録で、
保育をフォロー。

本書の使い方

見開きワンテーマの編集ですので、どの章からも、どのページからでも読んでいただけます。疑問や不安を感じたとき、もくじからも、気になるテーマを探して開いてみましょう。内容の見方は、下記のとおりです。参考にして、おおいに活用してください。

なるほど…❶

保育でありがちな悩み事やとまどい、疑問に思っている事などをあげています。問題点が見えてきます。

キーワード・ヒント

各項目のキーワードです。子どもの発達に照らし合わせた、保育の大切な知識を押さえています。

実践!納得!大丈夫!…❷

問題点に対して、解決につながるような実践の具体例やヒントなどを展開しています。イラストでわかりやすく解説。自分に一番納得しやすいところから実践していきましょう。

注意

保育では、してはいけない、避けたい注意点を示しています。

応援メッセージ

保育に取り組み、がんばっている保育者に、先輩からの励ましのエール。前向きな気持ちになるコメントです。

押さえておこう!

それぞれの項目に関連のある、保育の基本的な知識やノウハウを紹介。

保護者もいっしょに!

特に、低年齢児では、保護者との連携が必要です。保護者へのアドバイスも含め、共に学べる内容を紹介。

❶と❷で基本を!
その他の項目は、必要に応じて順次見ていきましょう。

先輩保育者がやさしく教える ハッピー保育books❶

0·1·2歳児担任の保育の仕事まるごとブック

Contents

Contents

Staff　●イラスト　池田かえる　/　●本文レイアウト　太田吉子
●編集協力　太田吉子
●企画編集　長田亜里沙・安藤憲志
●校　　正　堀田浩之

序章

知っておこう！子どものこと、園のこと

低年齢児の成長は心身共に著しく、その成長ぶりに毎日が楽しみです。保育者は子どもの成長にあわせてことばがけをしたり、環境を準備したりして、ひとりひとりの子どもに応じてかかわっていきます。まずは、子どもの発達のこと、園での１日の流れ、１年の流れを知っておきましょう。

0〜2歳児の発達の特徴

おおむね 6か月 未満

誕生後、急激な環境の変化に適応し、著しい発達が見られる時期です。首がすわるのをはじめとした運動能力や、視覚、聴覚の発達にも目覚ましいものがあります。泣く、笑うといった表情の変化や体の動きが見られ、特定の大人との間に情緒的な絆が形成され始めます。

- 心身の未成熟。
- 著しい身体的成長と感覚の発達。
- 首がすわる、寝返り、腹ばい。
- 表情の変化、体の動き、喃語などによる表現。
- 応答的な関わりによる情緒的な絆の形成。

周りをじっと見たり、声や音のする方向にも反応して、目を向けようとします。体重や身長の著しい増加に驚かされます。

寝ている時間が長く、起きていても上を向いた状態で、だれかが向きを変えるまで、寝返りなどはできません。ときどき手足をばたつかせることもありますが、意思とは関係ない動きです。

４か月までには首がすわり、５か月くらいから目の前のものをつかもうとします。手を口に持って行ったりして手足の動きが活発になります。寝返りができるようになったり、腹ばいにすると胸をそらし、顔や肩を上げて上半身で遊ぶようになります。

泣いたり、声を出したりしながら、身近な大人とのやり取りをします。自分の意思を伝えますが、そのとき大人がこたえることが大切です。伝わると信頼感を抱き、情緒的な面の発育が促されます。

あやすと笑うようになります。泣き声も、生理的なものから、感情を伝えるような泣き方になり、欲求を示します。泣き声からさまざまな発声へ。また、大人と視線を交わしながら、次第に喃語が出てきます。

序 ●1…2

知っておこう！ 子どものこと、園のこと

0～2歳児の発達の特徴

●おおむね

6か月～1歳3か月 未満

一人で座っていられることから伝い歩きをするまで、運動機能の発達が目覚ましく、腕や手先も意図的に動かせるようになります。特定の大人との情緒的なかかわりから、自分の意思や欲求を身振りなどで伝えようとします。

- 座る、はう、立つ、つたい歩き、手を使うなど、運動機能の発達により探索活動が活発になる。
- 大人との関わりが深まり、やりとりが盛んになる。
- 特定の人との愛着と人見知り。
- 離乳食から徐々に幼児食へと移行。

一人で座ったり立ったり、伝い歩きをしたりします。運動面の発達で行動範囲が広がります。周囲のものにも興味を示していろんな所に行きたがります。また、自由に手も使えるようになるので、目に付いた物を手当たりしだいに触ったり、両手で持って打ち付けたりします。

身近な人の顔がよくわかるようになり、愛情を込めて接する大人とのやり取りで愛着がますます深まっていきます。その反面、知らない人には泣いたり拒んだりして人見知りをします。

大人があやすと喜んだり、それにこたえようとしたりします。また、身近な大人との関係の中で、自分の意思や欲求を身振りなどで伝えようとします。大人からも、自分に向けられた気持ちや簡単な言葉がわかるようになります。このようなやり取りが、言葉によるコミュニケーションのきっかけにつながっていきます。

離乳が始まり、すりつぶしの離乳食から、徐々に形のあるものへ変わっていきます。食べ物に親しみながら、噛んだり飲み込んだりすることができるようになっていきます。

0～2歳児の発達の特徴

●おおむね

1歳3か月～2歳未満

歩き始め、手を使い、言葉を話すようになります。周りの人や物に自発的に働きかけ、その経過で物を取り合ったりするなど物や人との関わり方が強くなります。意思を伝えたい欲求も高まり、指さし、身振りをし、片言が出てきます。

- 歩行の開始と言葉の習得。
- 様々な運動機能の発達による行動範囲の拡大。
- 見立てなど象徴機能の発達。
- 周囲への関心や大人との関わりの意欲の高まり。

歩き始めるという大きな発達で、行動範囲を広げ、みずから積極的に環境にかかわっていこうとします。「自分でしたい！」という欲求を、生活のいろいろな場面で発揮したがります。

歩くことが安定しだすと、自由に手も使えるようになって、その機能も発達します。指先でつまんだり、拾ったり、絵本のページをめくったり、クレヨンでなぐり描きを楽しんだりができ、好奇心や遊びへの意欲が培われていきます。

応答してもらえる大人とかかわって自分から呼びかけたり、拒否を表す片言や一語文を言ったり、言葉で表せないときは、身振りなどで示して気持ちを伝えようとしたりします。伝えようとした事を大人が言葉にして返すと、それぞれの関係がつながって、言葉を覚えたり、二語文が出てきたりするようになります。

体を使って遊びながら、様々な場面や物のイメージを膨らませ、イメージしたものを遊具などで見たてて遊ぶようになります。

友達や周囲の人への興味や関心が高まって、相手が遊んでいたり、楽しそうに話していたりすると近づいてかかわっていこうとします。また、関心のある子どものしぐさや行動をまねたり、同じ玩具を欲しがったりします。遊びの中では、取り合いになったり、拒否をしたり、また、簡単な言葉で不満を言ったりすることもあります。こうした経験の中で子ども同士のかかわりがはぐくまれていきます。

0～2歳児の発達の特徴

●おおむね 2歳

基本的な運動機能や、指先の機能の発達がさらに伸長します。それに伴って食事や衣服などの自立へ進みます。また、排せつの自立の機能も整ってきます。言葉も増え、自分の意思や欲求を言葉で表そうとします。自我の表れとともに、自己主張をする姿も見られるようになります。

- 基本的な運動機能の伸長や指先の機能の発達。
- 食事･衣類の着脱、排泄など、自分でしようとする。
- 語彙《い》の増加、自己主張の高まり、自我の育ち。
- 模倣やごっこ遊びを楽しむ。

歩いたり、走ったり、跳んだりができ、自分の体を思うように動かすことができます。また、しゃがむ、くぐるなどの姿勢や、ボールを蹴ったり投げたりができます。遊びの中で、それらの動きを発揮して楽しみ、人と、物とのかかわりを広げ、行動範囲も広がっていきます。

指先の機能が一段と発達し、紙をちぎったり、やぶいたりの細かい動作ができます。なぐり描きもできて、自分のしたいことに集中するようになってきます。自分でできることが増えて、身の回りのことを自分でしようとする意欲が出てきます。

指先の機能の発達によって、自分でできることが増え、身の回りのことを自分でしようとする意欲が出てきます。食事や衣類の着脱、排せつの自立が進んできます。

2歳の終わりころには、自分のしたいことや、して欲しいことを言葉で表すようになってきます。自我が育ち、「自分で！」、「いや！」、「ダメ！」などと、自己主張をして、思いどおりにならないと、泣いたりかんしゃくを起こすこともあります。

遊具などを実物に見たてて、「…のつもり」になったり、「…のふり」を楽しみ、ままごとの簡単なごっこ遊びをするようになります。こうした遊びを繰り返し楽しむうちにイメージが膨らみ、象徴機能が発達して言葉をさらに使ってやり取りすることが増えていきます。

0・1・2 歳児の保育室環境

0・1・2 歳児の保育室環境の一例です。子どもたちが安心・快適に過ごせるように工夫しましょう。（間取りや配置はそれぞれの園によって異なります）

お知らせや献立表を！

保護者の目につきやすい出入り口付近には、その日（月）のお知らせや献立をはっておきましょう。楽しんで見られるように、にぎやかな飾りにしておくといいですね。

おもちゃの箱には写真やマークを！

子どもが成長してくると、自分でおもちゃを出して遊ぶようになります。マークをつけておくと、わかりやすく、また、かたづけの習慣も身についていきますね。

活動のスペースには季節を感じる壁面を！

保育のなかで、季節感を感じることも大切です。子どもの興味を広げられるような、季節の壁面を飾るのもいいですね。

マークや写真で自分の場所がわかるように！

持ち物の棚に、子どもの写真や個人マークをはっておくと、保護者も保育者もわかりやすいでしょう。子どもも、次第に、自分の場所を覚えていきますよ。

入眠しやすい工夫を！

冬は加湿器を備えるなど、睡眠時は特に、室内の室温・湿度調節に気をつけましょう。入眠を誘う音楽を流すデッキも用意しておくといいですね。

換気をこまめにしよう！

空気の入れ替えは、健康な毎日を過ごすために大切なことです。夏でも冬でも、こまめに換気をし、新鮮な空気を取り込みましょう。

くつろげるゆったり空間を！

絵本を読んだり、ごろごろと寝転がれる場所には、じゅうたんを敷いたり、ソファやクッションを置くといいですね。1日のなかで、ゆったり落ち着ける時間と空間をつくりましょう。

オマルやトイレにも工夫を！

汚れやすいオマルやトイレ付近は、常に清潔にしておきましょう。排せつ後、使いやすいようにトイレットペーパーを一定の長さに切って置いておくと便利です。トイレには、トイレットペーパーをちぎる長さの目安として、かわいいキャラクターをはっておくのもいいですね。

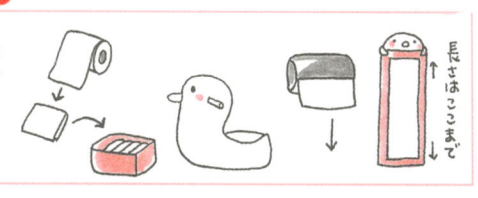

●1日の保育プログラム● Daily Program

これは、１歳児を例に取り上げた保育園での１日の保育の流れです。子どもの月齢や年齢、園によっても異なります。

さあ、今日も元気に始めよう！

○保育室の換気・安全・清潔を点検し、受け入れの準備をします。
○子どもが安心して過ごせるように、職員の配置体制を整えます。

登園

おはようございます

7:10

○保護者から、子どもをしっかり受け継ぎます。
○子どもの健康状態や機嫌をよくみましょう。

熱は下がりました
ニコ
ニコ

順次登園

8:30

○遊びながら、ひとりひとりの排せつのタイミングをはかりトイレへ。または、オムツ交換。

朝のおやつ

遊び

10:00

○月齢の低い子どもは、この時間、眠りの要求があることも考えられるので、ひとりひとり対応します。

11:00

食事の準備
手洗い
排せつ

ゴシ
ゴシ

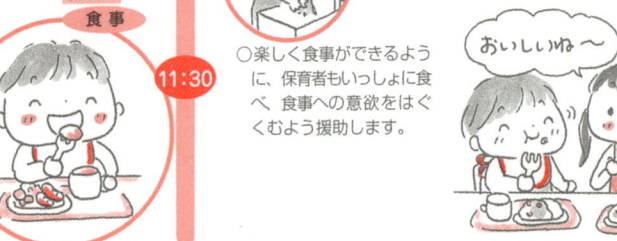

食事

11:30

○楽しく食事ができるように、保育者もいっしょに食べ、食事への意欲をはぐくむよう援助します。

おいしいね〜

パジャマに着替えて
ゆったり遊びます。

午　睡

12:30

○午睡のための環境を整えます。

○ひとりひとりの生理的な要求に配慮して、順次入眠を促します。

○記録・日誌類の記入、クラスミーティングを行ないます（休憩も入れる）。

目覚め

排せつ

着替え

14:40

○起きた子どもからトイレに誘い、排せつの援助をします。または、オムツ交換。

○着替えの援助をします。

手洗い

おやつ

15:00

○各自の持ち物（汚れ物も）に間違いがないかを確認し、個人帳や配布物を準備します。

順次降園

降　園

○保護者のお迎え。1日の園での子どものようすを伝えます。

○長時間保育で残る子どもが寂しくないように配慮します。

17:00 以降特例

18:00 以降延長

保育終了 **19:00**

○園内の掃除。明日の準備を行ないます。

業務終了 **20:00**

お疲れさまでした！

●季節の保育カレンダー●Monthly Calendar

子どもたちと過ごす１年。季節ごとの行事やイベントをベースに、その月には何をしようか？ どんなことをして楽しもうかと計画をしましょう。

季節のなかの子どもたち 春

入園・進級時からやっと園になれた子どもも、ゴールデンウィークをはさみ、逆戻りする子もいるかもしれませんね。でも、5月も半ばをすぎると、どうにか、落ち着きを取り戻します。新入の子どもと、進級の子どもが、元気いっぱいに遊ぶ姿が見られ、子どもたちそれぞれの個性が輝きはじめます。散歩などで、太陽の光や春の風を感じながら、イキイキとした季節を過ごしましょう。

4月
- 入園式
- 始業式
- 健康診断
- 昭和の日
- 家庭訪問
- 全国交通安全運動

5月
- 憲法記念日
- みどりの日
- こどもの日
- 母の日
- 春の遠足
- 身体計測（園によって毎月）
- 保護者会
- （運動会）

6月
- 衣替え
- 虫歯予防デー
- 時の記念日
- 父の日
- 梅雨
- 保育参観

7月
- 海の日
- 七夕
- プール開き
- 終業式

8月
- 夏祭り
- 個人面談
- お盆

9月
- 始業式
- 防災の日
- 敬老の日
- 秋分の日
- お月見
- 全国交通安全運動

季節のなかの子どもたち 夏

雨の時期を過ごし、室内遊びにあきた子どもたちも、梅雨明けを待って、夏空のもとで元気を発散させることでしょう。7月に入ると、水遊び・プール遊びも始まります。水への安全対策を万全にしましょう。また、この時期、食中毒や伝染病など、衛生面の注意や、乳幼児は特に、暑さによる体温調整など健康面にも十分に配慮しなければなりません。水分の補給をこまめに行ない、暑さを乗り越えて、保育者ともども元気に過ごしましょう。

季節のなかの子どもたち　秋

秋の気配も濃くなって過ごしやすくなりますが、夏の疲れが出やすい時期です。体調管理に注意しましょう。運動会や遠足などもあって、この季節は、楽しい行事がたくさん控えています。11月ごろには、近くの公園などでも木の葉が色づいて、自然とふれあう遊びもできます。青く高い空の下で、思い切り遊びたいですね。気温の変化の激しい時期でもあるので、衣服の調整にも、十分に配慮しましょう。

10月

- 衣替え
- 体育の日
- 運動会
- 秋の遠足

11月

- 文化の日
- 七五三
- 勤労感謝の日
- 保育参観日

12月

- 作品展（発表会）
- クリスマス会
- 天皇誕生日
- もちつき
- 終業式

1月

- 始業式
- お正月（元日）
- 成人の日

2月

- 節分
- 建国記念の日
- 発表会（作品展）

3月

- ひな祭り
- お別れ会
- 一日入園
- 春分の日
- 終業式
- 卒園式

季節のなかの子どもたち　冬

寒い季節に入りますが、子どもはほっぺをまっ赤にしながらも戸外で遊びたがります。元気な体をつくるためにも、天気のよい日は、できるだけ戸外遊びをしていきましょう。かぜのシーズンでもあるので、予防に努めたり、子どもたちそれぞれの体調管理に留意します。戸外遊びの後は、汗を拭き、手洗い・うがいをしっかりしましょう。また、1年の締めくくの学期でもあります。作品展や発表会などの機会に、保護者に、子どもの成長を伝え、喜びを共有したいですね。

＊行事の行なわれる月は、地域や園、年によって異なります。

嗚呼! 新任保育者 4コマColumn その1

ちちんぷいぷい
いたいの いたいの 遠い お山に〜
イタイ
とんでいけーーっ!
オオッ
トンデッタ!!
イタイ イタイ
にきび
ケーーッ!
よく 見てるね
ありがと

見えかくれ
給食 とってきま〜す
は〜い
ピシャ
あら
うえ〜ん
(先生が急にいなくなっちゃった〜)
先生 帰らないから 大丈夫 だよ〜 かわいいんだからも〜
ぎゅ〜
いっしょに 行こうね〜
今日は イチゴさん が あるね〜 いっぱい 食べ ようね〜
カタ
ダ〜
カタ
カタ

思いやりの気持ちが育っていることがわかると、うれしいですよね。

子どもは敏感です。幼くてもよくわかっているんですよね。

1章

子どもとのかかわり

保育者は、ひとりひとり個性や成長の違う子どもと日々かかわっていきます。毎日の保育で、さまざまな問題点にぶつかり、とまどい悩むことも多いでしょう。この章では、それらにどう対処・対応すればいいのか、気づきや手がかりを示しています。

子どもとのかかわり

1

スキンシップは、子どもを知るバロメーター

キーワード・ヒント

スキンシップ

愛着の第一歩は安心して抱かれたり触れられたりすることです。産休明けから年長まで保育の基本は愛情あるスキンシップから始まると思います。

なるほど！

乳幼児期の子どもとのスキンシップは、言葉でのやり取りができにくい分、大切なコミュニケーションの機会となります。抱き上げたり、頭をなでたり、ほっぺにチューをしたりするなどして、いっぱいふれあいましょう。ひとりひとりの子どもに接しながら、体調や変化、その日の機嫌にも気づいていきましょう。

実践！ 納得！ 大丈夫！

●楽しくスキンシップしよう●

＊抱っこでスリスリ＊　＊頭をなでなで＊　＊ほっぺにチュー＊

楽しくてうれしいスキンシップはすぐに覚えて、子ども同士でもするようになりますよ。保育者の愛情をいっぱい受けて、子どもも大喜びです。

＊おひざに抱っこ＊

トン
トン

＊おウマになって＊

おウマさん
パッカ
パッカ

＊おんぶや抱っこ＊

ば〜っ!!
キャッ!
キャッ

＊ペンギン歩き＊

ヨイショ
ヨイショ

＊抱っこでゴロゴロ＊

ゴロ
ゴロ

＊ツンツンやコチョコチョ＊

コチョ
コチョコチョ
キャ
キャ!!

押さえておこう！

●首がすわる前の抱き方●

＊頭を先に抱き上げる＊

首がすわらないうちは、必ず手のひらや腕で、すわっていない首を支えてあげます。

＊足の運動を妨げるような抱き方はしない＊

股関節脱臼を防ぐために、足はそろえず、またの間から手を差し入れるようにします。

①両手で頭を軽く持ち上げ、一方の手を、頭の下に入れます。

②頭の下に入れた手で首を支え、もう片方の手をまたの間に入れて、手のひらでおしりを支えるようにして抱きます。

③頭を支えている方の肩には力を入れ過ぎず、リラックスして抱きます。赤ちゃんのおしりを、手のひら全体で包み込むようにしてあげるとバランスが取れます。

応援メッセージ！ 子どもとグン！ と近づこう！！

スリ
スリ

なんといってもスキンシップは信頼の要です。保育者に「安心」「あたたかさ」「やさしさ」を求めて寄ってくるので、いっぱい抱きしめて応えましょう。手を握るだけでも OK！

子どもとのかかわり

2

人見知りをする子どもを、受け持ったら!?

キーワード・ヒント

人見知り

認知能力の発達に伴い、生後8か月前後になると見知らぬ人に不安を示すようになってきます。愛着が発達した証拠でもあるので優しく受け止めて。

なるほど！

1歳児クラスのはじめは人見知りをする子どもがいます。子どもは素直にストレートに言葉や態度で表すので、新任の保育者にとっては試練の場面。対応にとまどうことでしょう。そんなときは、急がず、焦らず！　根気よくかかわり、まず信頼関係を築いていくところから出発です。

ヤ〜〜〜ッ!!
センセ〜〜!!
が〜んっ
← 新任保育者
たたたっ
や〜って
なんにもしてないのに〜
0歳児クラスから持ち上がりの保育者

実践！　納得！　大丈夫！

●子どもは敏感ですよ●

と、ともちゃん
あ…あそぼ？
ドキ
ドキ
ヤ〜ッ

好かれたい！　なついてほしい！　こんな思いで、オドオド無理して近づいていっても、子どもは敏感に察します。

●先輩保育者に相談してみるのも…●

○○先生が
呼んでるよ

先輩保育者は、子どもが新任に関心が向くような雰囲気づくりを心がけたいですね。

持ち上がりの保育者は、子どもとの関係が築けているので、子どもも慣れています。先輩保育者に相談して協力してもらいましょう。

●いつも笑顔で根気よく●

保育者が、自分を守ってくれる存在だとわかれば、子どもも安心して近づいてきます。保育者が心を開いて、いつも笑顔で接し続ければ、子どもは徐々に受け入れてくれますよ。

●関心を示してきたときがチャンス！●

子どもが喜びそうな遊びや楽しい状況を作っておくと、「何だか楽しそう！」と関心を示して近づいてくることもあります。

注意 ●人なつっこい子にばかりにかかわってしまっていては・・・●

なついてくる子ばかりに接していると、人見知りの子とはずっと平行線。その子だって、あなたのことが気になっているかも…。気にする素振りを少しでも見せたときがチャンス！　ことばがけをしましょう！

●自然体でことばがけを！●

避けず、接近しすぎず自然体で〜。何かするにときは必ず言葉をかけましょう。

応援メッセージ　見守り続けていれば、その時が・・・！

人見知りはず〜っと続くわけではありません。たいへんな時期はさりげなく！　その子を見守り続けていれば、いつかダッシュして飛び込んで来るでしょう。そのときはしっかり受け止めてあげてくださいね！

子どもとのかかわり

③

赤ちゃん返りをし出した子どもには！?

キーワード・ヒント

赤ちゃん返り

発達は一直線ではなく、行きつ戻りつしながら自立に向かいます。どの年齢にも「やって」「見て見て」は起こるもの。ドンと受け止め安心させてください。

なるほど！

母親が2人目を妊娠したり、2人目が生まれたりすると、上の子は赤ちゃん返りをすることがあります。まだまだ甘えたいこの時期、心の底には「寂しい」「かまって欲しい」の気持ちがいっぱいです。赤ちゃんに手を取られる母親を見て聞き分けたつもりでも、なかなか納得できないでいます。こんなサインを出している子どもの心に、保育者は寄り添いましょう。

ぼくだけを みてほしいよ
センセ パンツ ハカセテ!!
のぶくんは上手に はけるよ～！先生 見ててあげるよ～
アッチイッテ!!
ドンッ
のぶくん
だけど お兄ちゃんにならないと…

実践！ 納得！ 大丈夫！

●まずは受け止めよう！●

のぶくん 大丈夫だよ～ いっしょに あそぼうね
…ウン

小さな子どもにとって試練のとき。保育者はしっかりとスキンシップをとって甘えさせてあげることも大切です。

●兄、姉となる自覚を促そう！●

のぶくんもうすぐ お兄ちゃんに なるんだよね～
タッ
アカチャン♡

お兄ちゃんになる自覚や誇りを持てるようなことばがけも必要ですね。

保護者もいっしょに

●かかわってあげられるときを具体的に●

忙しいお母さんの「ちょっと待っててね！」に何度もがっかりさせられてしまいます。いつまで待つのかを具体的に言いましょう。「あなたも大切だよ！　大好きだよ！」というメッセージも伝えるよう、保護者にアドバイスを！

●赤ちゃんをいっしょにかわいがる●

かわいそうと思ったり、遠慮しながら赤ちゃんの世話をしたりするのではなく、いっしょに赤ちゃんの面倒を見ましょう。「赤ちゃんかわいいね！でも、のぶくんのほっぺ、もっとかわいいよ！」などと上の子の話題を会話に加えてみましょう。

●乳児への配慮も…●

不安定な時期のため、トラブルが起きるかもしれないので、気を配りましょう。

注意 ●「お兄ちゃんでしょ！」と、厳しく突き放したりしないで！●

理屈ではわかっているのにできない矛盾を本人が一番感じ取っています。いけないことをしてもきつくしからず、「困ったわ！」「どうしよう?」と、相談するように言ってみては？　案外、気持ちが通じるものです。

●保育者同士の連携を！●

本人の状況や担任の見解を加えた上で「配慮をお願いします。」と伝えましょう。

応援メッセージ　嫌がられるほど抱きしめて！

ここぞ、スキンシップの出番ですね。子どもの不安定な気持ちを受け止めて、落ち着いた気持ちになれるようにかかわっていきましょう。

子どもとのかかわり

④

子どもが「イヤイヤ星人」に、なったとき!?

キーワード・ヒント

イヤイヤ

1歳をすぎるころから拒否を表す一語文を言ったり、身振りなどで気持ちを伝えたりします。2歳をすぎるころから自我が芽ばえ「ジブンデ」意識が高まります。

なるほど!

何でも「イヤイヤ!」と言ってしまう時期があります。肯定のときにも、とにかく「イヤイヤ!」の一点張り。泣くことでしか訴えることができなかった赤ちゃん時代から比べると数段の進歩といえますが、何をして欲しいのか、何が気に入らないのか、本心がわからず保育者を困らせます。ただ、何かを訴える信号を発しているのは確か!それを確かめ、受け止めてあげましょう。

実践! 納得! 大丈夫!

●今は、「イヤ!」●

「わかったヨ! でも、もう少し遊んで帰りたいの、もう少しだけ!」こんな気持ちをうまく伝えることができないからとりあえず「イヤ!」と言ったりします。

言い当てられて「イヤ！」

思ったり感じたりしていることをそのまま言い当てられると、つい「イヤ！」と反対のことを言ってしまうこともあります。案外逆方向の言葉で誘ってみるのもいいですね。

かまって欲しいから「イヤ！」

「何で？　どうして？」って聞かれたり、かまってもらいたいから言う「イヤ！」もあるようです。まず、違うことでその欲求を満たすことも考えましょう。

先に言われたから「イヤ！」

言おうとしたり、しようと思っていたことを、だれかに先を越された悔しさから出る「イヤ！」もあります。子どもが言い出しやすいことばがけや雰囲気づくりを！

保護者もいっしょに

先生、お母さん！　ちょっと去年の今ごろのゆう君を思い出してみて！

歩けなくて、泣くことしかできなかったよね。

今はしっかり立てて

こんなに成長！

保育が進まないという観点から「悪い子、言うことを聞かない子」と決めつけないでくださいね。

イヤ！　が言える成長を見て、むしろ頼もしい思いがしますね！

「イヤイヤ星人、待て待てごっこ」

「イヤ！」　を逆手に取った遊びです。ユーモアたっぷりに追いかけましょう。

応援メッセージ！「イヤイヤ！」でも「スキスキ！」

大好きなお母さんや保育者だからこそ安心して言える「イヤ！」ではないでしょうか。頑固な困った子ととらえず、イヤの正体が、甘えたい一面であったり、成長の表れなのだとわかれば、イライラせず、心にゆとりをもって接することができますよ。

子どもとのかかわり

5

子どもの個性やタイプ、「好き」を知ろう！

キーワード・ヒント

子どもひとりひとりへの対応

集団でいると目立つ子や対応に追われる子どもに目が行きがちです。一日の保育の終わりに全員の「今日の顔」を思い出し明日に反省を生かしてください。

なるほど！

日常の保育で、子どもひとりひとりの個性や特長の違いに驚かされることはありませんか？　泣いたり笑ったりするときのきっかけや傾向などもさまざまです。何かあったときの慰め方や励まし方、しかり方や褒め方など、その子に合った接し方を心得えておくとよいでしょう。

ひろくんは
都合が悪くなると
すぐに泣くな
かよちゃんは
面倒みがいいな
ちえちゃんは
困ったとき
手をモジモジ
するな
だいきくんは
なんでも
一番に
なりたがるな
ふむ
ふむ

実践！ 納得！ 大丈夫！

一番になりたい！　だいきくん

…
トイレナンカ
イキタクナイ
ヨ〜ダ
だら
だら
トイレに一番
はやくいけるのは
だ〜れ？
ダッシュ
イチバンハ
ボク!!

ことばがけひとつで、子どもの気持ちや意欲は変わります。意欲を引き出すその子に合った言葉を見つけておくといいですね。

●お世話大好き！　かよちゃん●

「私、泣いている場合じゃないわ」お世話をする大切な役目に気づいたかよちゃんです。

●モジモジちえちゃん●

恥ずかしがり屋のちえちゃんは、なかなか自分の気持ちを出せません。それをそっとくみ取って…。

●ヒーローになりたい！　ゆうきくん●

「お願い、これやって！」と頼まれれば、ヒーローゆうきくんははりきってがんばります。

●お願いマン！　ひろくん●

保育者に助けを求めてくるタイプですが、全部手助けするのではなく、言ったり行動するきっかけをサポートします。

応援メッセージ！　いつも見てるから、君の大好きがわかるよ！

子どもの興味・関心、お気に入りをわかってくれている保育者は強い味方です。また、どの子の個性も、受け止めてあげましょう。

子どもとのかかわり

6

ケンカが、はじまったら！？

キーワード・ヒント

ケンカ・自己主張

思いを伝えたくてもまだ言葉の発達が十分でないためには手が出たり叫んだりと対応に困ることもありますね。自我が育ってきた証拠なので気持ちを受け止めて。

なるほど！

おもちゃや遊具の取り合い、順番などで子どものケンカは絶えませんね。ロゲンカから取っ組み合いへ！　経験の浅い保育者としては仲裁に入るタイミングにおおいに悩みます。理由もさまざまですが、ケンカも心の成長のひとつです。きっかけやお互いの気持ちを大切にしながらかかわることが大切ですね。

実践！ 納得！ 大丈夫！

物の取り合いの場合にありがちな…

同じ物が2つあっても相手の持っているものが欲しくなり、取り合いのケンカが始まる場合があります。保育者が理由を聞いているうちに気持ちが落ち着いてくることもあります。それでもダメなら、違うものやほかのことに目を向けさせたりすることもしましょう。

●相手をたたいたときは？●

言葉でうまく伝えられずに、たたいたり、中には噛んだりする子がいます。一方的にしからず、じっくり話を聞きましょう。

●取っ組み合いになったら…！？●

けがや事故につながります。ケンカのようすを見て取っ組み合いが始まったら、すぐに仲裁に入りましょう。

●子ども同士の解決を待つことも…●

口ゲンカの場合はとりあえず見守ります。未熟ながらお互いの言い分があって、それなりに折り合いをつけるものです。あまりにもひどい言い方をしていたり、ひとりの子に集中しているときは、助け船を出すことも必要ですね。

●ケンカの後は仲直り●

子どものケンカは、済んでしまえばケロっとしていますが、できればお互いに「ごめんね！」の気持ちで仲直りできるといいですね。

応援メッセージ！「ハラハラ、ドキドキ！」するけれども…

子どものケンカは見過ごすのも、干渉しすぎるのもよくありません。基本はしっかり見守り、大きなケンカに発展しそうなときだけ仲裁に入ります。子どものようすをみながら、「ココで！」のタイミングが大切です。

子どもとのかかわり

7

「おかたづけ」を楽しくする工夫は？

キーワード・ヒント

おかたづけ

遊具や絵本は踏んだら痛いし壊れたら大変。だからこそ「おうちに帰る」のがおかたづけ。それぞれおうちに帰っていったころにみんなもお迎え、いっしょに帰りましょう。

なるほど！

遊んだり作業の後にやってくる「おかたづけタイム」。「あ〜あ！」と聞こえてくるため息は、できればやりたくない子どもの本音です。そこへ、「早く！」「ちゃんと〜！」の追い打ちがかかると、楽しく遊んだ余韻すら吹っ飛びそうですね。「おかたづけ」自体が楽しい活動になる。そんな工夫を考えてみましょう。

実践！ 納得！ 大丈夫！

0歳児　「♪おうちに帰ろう、　○○さん♪」遊び

「物の収まるべき場所を決めておく」が整理整とん術のひとつともいえるので、元の場所へ戻すだけの簡単な作業を遊びにします。例えば「積み木がおうちに帰るよ」と誘い、「おうちに帰ろう、積み木さん」と節を付けて歌うと、楽しい「おかたづけ」遊びになりますね。

●1〜2歳児　「仲間集めでおかたづけ」遊び●

整理をするときには分類を考えます。それを遊びに応用して仲間集めをしながらかたづけに入ります。種類、形、色、大きさなどで集めて遊びますが、かたづけが楽しい雰囲気でできることを目的としましょう。

●パペット「おかたづけ」劇場●

かたづけに入る前に、要点や注意などを人形に語らせる工夫です。「さっさと〜」や「ちゃんと〜」といったしかり口調ではなく、一幕の人形劇のようなセリフで演出すれば、かたづけも楽しみになりますね。

●お楽しみは「おかたづけ」の後!●

かたづけが義務ではなくて、次の事をするための準備ということが納得できていれば進んでするでしょう。楽しいことが待っていればなおさら、やる気も満々ですね。

●「カッコイイ!」　のはだ〜れ?●

子どもの中には案外、整理整とんが苦にならず積極的にする子もいます。そんな子には「ステキ!」「カッコイイネ!」と褒めてあげましょう。ほかの子も刺激されて次々続くといいですね。

応援メッセージ　子どもを巻き込む楽しいパワー!

イヤがってるし、時間がかかるからと、保育者がしてしまうのは、習慣の芽をつみ取ることになりますね。子どもが自分でできるようになることを促したり助けたりすることが保育者の役目です。楽しく、やる気を起こすようなことばがけや工夫をしていきましょう。

子どもとのかかわり

8

子どもが泣いて登園してきたら？

キーワード・ヒント

泣く＝保護者への愛着
登園時に泣かれ辛いのは保護者の気持ち。逆にしっかり抱き合って愛情確認してから別かれたほうがよい場合も。保護者との愛着は成長のしるし。親子共に褒めてあげて。

なるほど！

入園当初は、保護者と離れるのがはじめてだったり、新しい環境に慣れずとまどったり不安になったりして泣き出す子どもも少なくありません。中には子どものことが心配で、離れがたい保護者もいます。保育者は、そんな保護者と子どもの気持ちを受け止めながら、保護者を見送ってあげましょう。

実践！ 納得！ 大丈夫！

●落ち着くまでそばにいてあげよう！●

クラスの空気になじむまで、泣く子がいます。ひとしきり泣くと気の済む子、落ち着くまで抱っこしたり、そばにいてほしい子など、よく見て対応を。

●楽しいことに気を向けて！●

泣きやむタイミングがつかめなくて泣き続ける子どもには、園での楽しい活動に気を向けさせます。すぐイメージできるよう、絵にしたものを作っておくのもいいですね。

●保護者の心配をよそに…●

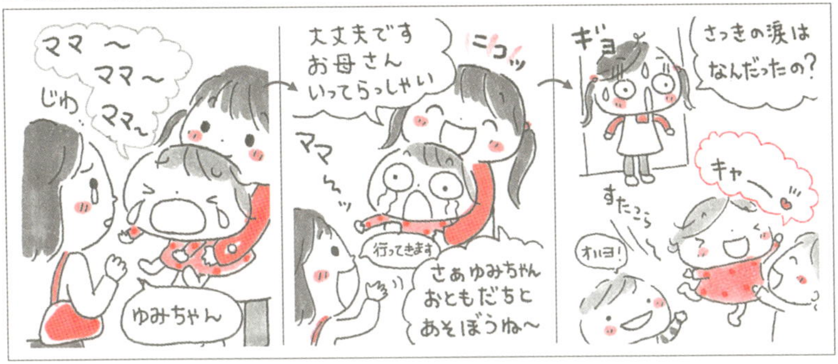

子どもの泣き叫ぶ姿に保護者も離れがたく、保育者も心配に。しかし、こんな状況をいつまでも続けるわけにはいきません。保育者だからこそきっぱり切り替えることが大切です。

●仲良しさん、お願いね！●

みんなより遅れたことで気後れして、場にとけ込まず泣いているときは、仲良しのお友達に誘い出してもらいましょう。

●泣きやんだ後もフォローを●

泣きやんだ後でも、まだ不安が残る子どももいるので、気にかけて接してあげましょう。

●明日の約束をしてみよう！●

自然と泣かずに登園できればいいのですが、まだちょっと自信のない子には、保育者と明日の楽しい約束をするといいですね。

応援メッセージ！ お母さん！ 私にバトンタッチを！

生まれてからずっとそばにいる保護者にはかないませんが、保育に関してはプロです。「私に任せて！」と胸を張ってバトンタッチしてもらいましょう。結果は、帰るときの子どもの笑顔で証明しましょう。

子どもとのかかわり

9

みんながすぐに集まりたくなるコツ

キーワード・ヒント

集まるということ

クラスに顔見知りで仲良しの友達を意識し始める1歳ごろからは、そろってお話を聞いたり名前を呼ばれ返事したり笑ったりする楽しい体験も素敵です。

なるほど！

1歳児クラスでは、じっとしていることがまだまだ苦手です。経験の浅い保育者にとっては、とても悩むところですね。先輩保育者を見習いながら、子どもたちの関心を向けるアプローチから考えてみましょう。

実践！ 納得！ 大丈夫！

0歳児は、保育者がかかわりながら集まろう！

手拍子やカスタネットなどを使って誘導。

「○○ちゃんを迎えにシュッポー！」と増やしながら…。

抱っこして、空を飛ぶ小鳥さんになって。

●何が始まるのかワクワクさせて！●

喜ぶはずの絵本を持って呼びかけても、いっこうに集まってこないのは！？「何か楽しそだな！」という雰囲気や期待感不足では？ 子どもの心をくすぐりましょう。

注意 ●気持ちが先走って…●

「してあげよう！」と気負いすぎると雰囲気が固くなって楽しさも半減。リラックスして！

●集まる前に、遊びをひとつ取り入れよう！●

＊具体的なことばがけで楽しく＊

楽しい内容を、大きな声で具体的に知らせましょう。

＊手遊び、指遊びで＊

手遊び、歌遊びで、気持ちを集中させるのもいいですね。

＊アイテムを使って＊

パペットや帽子、簡単なマジックなどの仕掛けを使っても。

応援メッセージ 先生のそばに来ると楽しいよ〜！

号令をかけなくても、強制しなくても、楽しい場所にはしぜんと子どもは集まって来ます。保育者自身が楽しい雰囲気を持ち、いつも何かしてくれそうな期待感のある存在であれば…。そして、いつも子どもの興味・関心事に目を向けていましょう。子どもを振り向かせるきっかけやヒントが隠れていますよ。

子どもとのかかわり

10

保育者はいつも、表情・表現・感性豊かに！

キーワード・ヒント

保育者の感性

生後数か月から赤ちゃんは大人の表情変化を読むといわれます。保育者は子どもの気持ちを和ませるあたたかな感性をもって日々保育したいですね。

なるほど！

子どもは保育者の表情をよく見ています。無表情やぶっきらぼうな言葉づかいでは、子どものやる気や意欲はトーンダウン！　言葉も表情も明るく、わかりやすい表現を心がけましょう。それには、いつも元気の発信者でいたいですね。少しくらいオーバーアクションでもOKですね！

実践！　納得！　大丈夫！

褒めるときは、思いっ切り！

だれでも褒められるとうれしいものです。また、自信にもつながります。褒めることは、保育者自身がそのことをうれしく心から喜んでいるというのを子どもに伝えることなのです。

感動はどんどん伝えて共感しよう！

「きれいね」「かわいいね」「うれしいね」「楽しいね」など、感性を育む言葉をたくさん表現して、友達や保育者と共感・共有を！

保育者の気持ちを伝えることも…

保育者の思っていることを素直に子どもに伝えることも必要。相手を理解したり、相手の立場で考えることにつながります。

しかるときは真剣さを前面に！

しかるときは、愛情を持ってしっかり伝えましょう。真剣さが伝われば、そのときは泣いても子どもの心に届きます。後のフォローも大切ですね。

驚きは、オーバーなくらいでも…

子どもが教えてくれるサプライズには、少々オーバーなくらい驚いて OK！　何かを発見する意欲が UP します。また、それを伝えることが楽しくなるでしょう。

注意　子どもの気持ちが最優先！

「表情豊かに！」といっても、子どもの性格や状況をよく見て、気持ちに添った表現を心得ます。子どものプライドを傷つけない、デリカシーも必要です。

応援メッセージ　表情豊かに、笑顔で！

クラス全体に向かっては「元気に明るく」が基本ですが、子ども個々への対応は、そのときの状況や子どもの心の状態をよく見た表情や表現のやり取りをします。向き合い視線を合わせて、心を添わせて、まず笑顔から。

子どもとのかかわり

11

保育者のことばがけひとつで、子どもの気持ちは変わります

キーワード・ヒント

ことばがけ

子どもの姿や身振りに気づくのも保育者の感性。0歳児のときからのやさしい言葉は愛情の貯金のようなもの。大切に積み重ねていきましょう。

なるほど！

子どもの気持ちをやる気にさせるのも、その反対も、保育者のことばがけが大きく影響します。子どもの心に響くことばがけをしていますか？　子どもが何か失敗をしたり自信をなくしたときでも、保育者の励ます言葉ひとつで前向きに気持ちが変わっていくことがありますよ。

実践！ 納得！ 大丈夫！

子どもを育てることばがけ

ちょっとしたひと声でも、子どもは「自分を見てくれているんだ」という安心感やうれしさを感じて、それに応えようとします。子どもの心を育てる言葉を、状況に合わせていっぱい投げかけてあげましょう。

保育者の人柄や感性がにじみでます

気持ちがこもっていないことばがけは、子どもの心に届きません。また、感情にまかせたことばがけは、子どもを不安にします。保育者自身が、まず安定した気持ちで、明るい言葉を発するようにしましょう。

●子どもを動かすことばがけ●

日常の活動や動作を促すことばがけで、気をつけたいのが命令口調や断定口調などです。強引に言うことを聞かせようとするのは慎みます。次からも口調がますますエスカレートして、よい結果をうみません。基本は優しく！　子どもに問いかけるように言うのがコツですね。

●子どもの気持ちが枯れてしまうことばがけ●

子どもはうまく言葉を使うことができないので、大人が手本とならなければなりません。肝心の大人がイライラしていたり落ち着かなかったら、出てくる言葉はトゲトゲしいものになりますね。注意することや制止、間違いを正すときなどは特に、投げやりな言い方やきつい言い方になるのを注意し、表現を工夫しましょう。

応援メッセージ！　落ち着いたやさしい気持ちが一番！

子どもをいい方向に向けることばがけを、たくさん投げかけてあげましょう。そのためにも、保育者はいつも、心にゆとりを持って優しい気持ちでいたいですね。

⑫

コミュニケーションの始まり、「ありがとう」を伝えよう！

キーワード・ヒント

ありがとうのやりとり

１歳前後から「ドーモ」「ドーゾ」などの言葉に身振りで反応します。状況がわかってやり取り遊びができるとコミュニケーションもさらに深まります。

なるほど！

１歳児クラスになると、「ありがとう」や「ごめんね」の気持ちを伝えようとし、言葉でも友達とコミュニケーションが取れるようになります。言葉につながる行動や気持ちの動きをよく見守って、タイミングよく促してあげるといいですね。

実践！ 納得！ 大丈夫！

●ジェスチャーであっても、伝わっていればＯＫ！●

言葉でなくても、「ありがとう」は伝わりますね。

おじぎで「ありがとう！」

頭をなでなで「ありがとう！」

ギュッとハグして「ありがとう！」

言葉を話せない０歳児でも「ありがとう」の気持ちを伝えることができます。気持ちを表すそぶりが見えたら、ジェスチャーなどその子なりの行動で表せる手助けをしましょう。

「ありがとう」という感謝の気持ちを伝えよう！

ももちゃんとみきちゃんのやり取りを見ましょう。保育者は、どんなことばがけをするとよいでしょう？

注意 気持ちが動くことが大切！

言わされて言った言葉は、生きた言葉として心に残りません。気持ちが動かなければ、同じ状況になってもまた、「ありがとう」が出てこないでしょう。

気づいて発する言葉が大事！

例えば、「うれしいね。もらったときは何て言うんだっけ？」と問いかけると、みきちゃんは気持ちの「ありがとう」に気づいて、心から言葉が出てきます。

応援メッセージ！ たくさんの「ありがとう！」を子どもに！

「ありがとう！」の場面を見逃さず、その都度促すことが大切です。また、「ありがとう！」という感謝の言葉を伝える機会をたくさん作ってあげましょう。さらに、言われたほうにも「うれしい！ よかった！」と感じる気持ちをはぐくみたいですね。

子どもとのかかわり

⑬ 「ごめんね」の状況が起こったときは？

キーワード・ヒント

ごめんねの気持ち

低年齢であれば想定外のぶつかり合いややりとりも起こります。無理に「ごめんね」を言わせるのではなく相手の気持ちを知ることが謝ることにつながります。

なるほど！

一見「ごめんね」の状況なのに、素直にあやまらない子どもがいます。それは、その子にとって本当に悪かったと思っていないからではないでしょうか？　ケンカのときでも、保育者は、泣かせたほうの子どもが悪いと見なしがちですが、事実はそうでないかもしれません。

実践！ 納得！ 大丈夫！

状況を知り、事情をよく聞く

その場の状況だけを見て判断していませんか？　そこに至る道筋を聞けば、相手側の方があやまらなくてはならない場合も…。

「ごめんね」が言えないけれど…

自分が悪かったのを納得しても、「ごめんね」の言葉が出てこないこともあります。でも、態度でなら表せることを知らせてあげましょう。

●「ごめんね」の場面では？●

＊「ごめんね」を気づかせて！＊

＊保育者がフォローして！＊

＊子どもみずからが気づくよう見守って！＊

子どもには、どういう状況のときに「ごめんね」と言ってあやまるのかを、機会あるごとに伝えたり、促したり、フォローをしてあげましょう。

応援メッセージ！ 先生だって間違ったら言うよ！「ごめんね！」

大人だから何とかごまかして、子どもにあやまらない人がいます。しかし、保育者自身が素直な気持ちにならないと子どもに伝わりませんね。人に対してあやまる言葉には、反省と同時に相手を思いやる気持ちが込められています。小さなうちから覚えたいコミュニケーションの基本です。

子どもとのかかわり

14

褒めじょうずは、子どもを伸ばす！

キーワード・ヒント

褒めること
０歳児後半から、バイバイなど身振りをまねて褒められ、定着します。褒めることは自己肯定の気持ちをはぐくむ大切な体験。認める・褒めるは愛のメッセージ。

なるほど！

子どもは褒められると自信がつきます。実際にできたことやしたことを褒めるのはもちろんですが、もう一歩先を考えて褒めることもしてみましょう。褒め言葉は励ましの言葉でもあります。その子の何を伸ばしてあげればいいかを考えることは、ひとりひとりをよく見ることにもつながります。

みんな〜 大好き〜♡
やさしいね〜
じょうずだね！
ありがと〜
さすが！
お兄ちゃんになったね！
かっこいいね
かわいいね
すごいね
うれしいね♡
〜できたね
お姉ちゃんになったね
えらいね
がんばったね！
モット イッテ！

実践！ 納得！ 大丈夫！

●人がうれしくなることをしたときは、いっぱい褒めよう！●

ドージョ♡（どうぞ♡）
ありがと〜 おいしそうだね〜
お手伝いしてくれるの？ うれしいなぁ〜♡
ニコ
ニコ
ニコ

人をうれしくさせる良い行ないをしたときは、感謝の気持ちを込めて褒めましょう。「…してくれたんだね！　うれしいなー！」などと、してもらったことを具体的に言葉で表すことも大事。認められて喜ばれると、もっとしたくなります。また、思いやりの心も育ちますね。

可能性を見つけて、褒めて伸ばす！

＊「もう少し！」を褒める＊

＊褒めて、「次はきっと！」につなげる＊

スキンシップをとりながら、目の前でできたことやしたことを「すごいね、いい子だね！」や「えらいね～！」などと、褒めて認めてあげるといいでしょう。そして、そこからつながる可能性へステップアップする言葉を付け加えてみましょう。

しかりたいけど、言葉をかえて褒めてみる

しかりたいことを、あえて褒めると効果のあるときもあります。気づきにつながるように、じょうずに褒めましょう。

小さなことでも、認めて褒めよう

１日１回は、どの子どもも褒めるように努めましょう。友達とのかかわりや家庭であったことなどを聞いて、どんなささいなことでも認めて褒めてあげます。褒めたことを保護者にも伝えましょう。

応援メッセージ！ 褒めることで、子どもも保育者も happy に！

だれでも褒めてもらうとうれしいものです。褒められることで認めてもらっていること、期待されていることを知ります。自信が持て、意欲やがんばる力がわいてきます。また、褒められると、もっとそれにこたえたくなりますね。

子どもとのかかわり

15

しかるときのタイミングと、しかり方のコツは？

キーワード・ヒント

しかること怒ること

ダメなのがわかっていて繰り返されると保育者だって人間、怒りたくなりますね。1歳過ぎのイタズラにはなぜダメなのか理由を添えて真摯に言いましょう。

なるほど！

子どもをしからず、いつもやさしい保育者でいたいですね。しかし、優しくするばかりでは子どもは育ちません。子どもをしっかりしかることができるのは、保護者も保育者も愛情があるから。信頼関係が築けているからと考えると、しかることをためらう必要はありません。しかるときの状況やしかり方、タイミングが大事ですね。

実践！ 納得！ 大丈夫！

●いけないことはしっかり伝えよう●

何をしてもしかられないとわかれば、当然、子どもは、どんどん言うことを聞かなくなります。いけないことはいけないと、理由を言って、何度もしっかり伝えましょう。

●しかるときは簡潔に！●

いつまでもダラダラしかるのは、時間だけがかかって、子どもは何をしかられているか忘れてしまいます。わかりやすく簡潔に。

●怒鳴るのではなく、教えてあげる姿勢で●

しかるとき、つい怒って怒鳴りがちになりますが、しかることと怒ることは異なります。感情的にならず冷静な対応をしましょう。なぜいけないかを教える姿勢でいきましょう。子ども自身が気づいて反省できる機会を作ることが大事ですね。

注意 ●つきはなさないようにしよう●

注意するのはいいのですが、しかったままで、つきはなすことのないようにしましょう。子どもの思いを受け止めながら、後のフォローも大切にしましょう。

応援メッセージ 優しさと厳しさを身につけよう！

しかる理由は「危険なことを知らせる」「相手のことを思う気持ちをはぐくむ」「注意や反省を促す」など、心の成長に大切なことです。愛情いっぱいにしかれば、保育者との関係はもっと親密になるはず。また、しかるときは、スキンシップをしたり、愛情のこもった言葉をかけたりするようにしましょう。

子どもとのかかわり

⑯ ちょっと困った子どもの状況を、どう捉えるの？

キーワード・ヒント

保育の視点、さまざまな見方

子どもの行動が理解できない、見通しが持てないときに、この子は○○だとレッテルをはりがちです。観察に入ってもらって第三者の声を聞くことで視野が広がります。

なるほど！

保育者は毎日、いろいろな子どもたちとふれあって、いろいろな場面に出会います。それぞれの子どもたちの個性に、おもしろがったり楽しんだり、時には悩まされたり…。どこの園にもありそうな、ちょっと気になる、ちょっと困った子どもの状況、さて、どうとらえていけばいいのかを考えてみましょう。

実践！ 納得！ 大丈夫！

●見方を変えれば…●

気になる子どもに注目すると、受け止める側のとらえ方次第で見方が違ってきたりします。例えば、目だちたがりやは、積極性のある子。やんちゃでいたずらな子は、活発で元気な子というふうに。自分の見方だけではなく、ほかの保育者が、どう見ているのかを聞くことも大切。そして、状況をよく見て判断や対応をしていきましょう。

●こんな子ども、こんな状況【ゆうくんの場合】●

みんなと同じことができなくて、注意されたゆうくん。でも、さらに言うことを聞かず、いたずらを始めました。

ゆうくん 給食
食べるから
お部屋戻ろ
みんな手
洗ってるよ
ヤダ!!
ボク マダ
イカナイ!!

注意 ●なぜ、言うことを聞かないの！●

ドッカ〜ン!
イラ
イラ
どうして
みんなと同じ
ことができ
ないの!?
いけない子
なんだから!!

した事だけを見て、「いけない子」ととらえるのは、大人の立場からの見方ですね。これでは保育者は、いつもイライラしてしかってばかりになりますね。

●どうしてこんなことをするのかしら？●

どうして
行かないの?
ヨツバサン
サガシテル
なるほど

こうするには、何か理由があるのかも知れない。と、保育者はその状況をきちんと受け止めます。子どもの立場に立った見方ができるようになると、理解と解決に近づけますね。

応援メッセージ！ でもホントは、私ってこうなのよ！

ドキーーン
センセ スキ!!
まぁ♡

子どもにも長所もあれば短所もあります。その中で、なるべくたくさん、その子のステキな面を見つけて引き出してあげるのが保育者の役目です。そのためには保育者が、子どもの立場に立った見方、考え方をする習慣を身につけておくといいでしょう。

嗚呼! 新任保育者4コマColumn その2

無言で解決!
エイ!!
○×△◎
びえ〜っ
ヘッ
ハッ
この反応が見たいらしい
じ〜〜〜っ
そんなことしたらいけないよ〜リアクション
悪いとわかっている
そっ…
ニコッ
サッ
うん うん

時には演技力で…。子どももわかっているんですね。

プロポーズ♥
センセ!!
ともくんな〜に?
ボクオオキクナッタラ
センセ〜ノコト オヨメサンニ シテアゲル!!
あっ ありがとう!!
ドキーーンッ
本気で まっちゃおうかな?
そのころ私は何歳だ?…
ぎゅ〜
ダイスキ♥

子どもとの、今この瞬間の幸せなひとときにひたりましょ♥

2章

子どもと遊ぼう

子どもは遊びのなかでたくさん学び、成長していきます。保育者は、さまざまな環境を整え、遊びを提供していきますが、その中で、忘れてはならないことがあります。それは、保育者自身が楽しむことです。保育者自身が楽しんでこそ、子どもも楽しく過ごせるのです。

2-1

子どもと遊ぼう

保育者が楽しいと、子どもはもっと楽しくなる！

キーワード・ヒント

遊び
乳幼児期の遊びは生きる力。最初は保育者といっしょに遊ぶことでやり取りの楽しさを学び、発達とともに仲間に広がっていく大切な体験です。

なるほど！

子どもと楽しく遊んでいますか？　子どもにとって遊びが生活そのものです。低年齢児の遊びには保育者とのスキンシップが大きくかかわってきます。抱きしめる、手をつなぐといったふれ合いも遊びに発展していきます。それを楽しいイメージに広げられるか、保育者自身が想像力豊かで、子どもといっしょに心から楽しむことができるかがポイントですね。

実践！ 納得！ 大丈夫！

●全身で遊ぼう！●

立っていても座っていても、手、足、顔、体のどの部分を動かしても遊べます。子どもとスキンシップを楽しみながら、保育者も全身で遊びましょう。

●見たて遊びで、どんどん広げよう！●

何かに見たてることが得意になると、周囲にあるものがみな楽しく見えます。ごっこ遊びへのセンスも磨けますね。

●遊びを見守って…●

子ども同士で楽しく遊べているときは近くで見守り、困ったときにフォローしてあげるとよいでしょう。

●仲間に入れない子がいたら…●

遊びに入るきっかけがつかめない子どもや、ひとり遊びばかりして気になる子どもには、保育者が言葉をかけて促したり、きっかけをつくってあげましょう。

●全体を見回しながら遊ぼう！●

いっしょに楽しく遊んだりリードすることは大切ですが、絶えず子どもたちの動きや関係を見ながら無理のない進行を心がけましょう。

注意 ●けがに気をつけよう！●

0歳児は特に、ハイハイや伝い歩きなどで動きが不安定です。バランスを崩して転んだりぶつけたりしがちなので十分に注意が必要ですね。

応援メッセージ 保育者が楽しい遊びは、子どもの栄養に！

好奇心旺盛の子どもたちは、遊びを通して心身共に成長します。毎日楽しく遊べるように、保育者自身も常に遊びに対しての準備や学びが必要です。そして、まず自分自身が楽しめることが前提ですね。

2-2

子どもと遊ぼう

音楽はステキ！保育にいつも「歌」を取り入れて！

キーワード・ヒント

歌遊び

１歳前後になると体でリズムを取り、やがてお気に入りの部分に反応します。メロディを一部歌うのが２歳過ぎですが参加に意味アリ。いっしょに楽しむのが基本。

なるほど！

大好きな友達や保育者といっしょに、大きな声で歌うのは楽しく、感性を豊かにします。歌遊びを中心に、保育のあらゆる場面にどんどん音楽を取り入れましょう。楽しい気分、落ち着いた気分、弾んだ気分といった雰囲気づくりにも役だつでしょう。音楽や歌は、保育には欠かせないものですね。

実践！ 納得！ 大丈夫！

泣かないで！　子守歌

小さく体を揺らしながら、保育者のやさしい子守歌で眠りを促しましょう。

スヤスヤお昼寝

オルゴール曲や、ヒーリングの曲など、静かな曲を流せば、リラックス効果もあり、心地良く眠れます。

● スッキリ　オムツ交換 ●

待つことができず、動き回る子どももいたりするので、明るい歌で楽しい雰囲気にして気持ちをそらします。

● 気持ちを切り替えるときに ●

お話を始める前や、絵本を読む前などに歌うと、子どもたちは楽しんで注目してくれます。

● 歌って踊ろう！ ●

歌に合わせて、思い切り体を動かしましょう。リズムに乗ると、楽しさが増します。

● 戸外でも大活躍 ●

いつもの散歩に少しの変化を。散歩中に歌うと、気持ちも盛り上がりますね。

● 手遊び・歌遊びで、スキンシップやコミュニケーションを！ ●

0〜1 歳児には、わらべうたや童謡など、ゆっくりした歌をおすすめします。

＊おすすめの歌＊

『どんぐりころころ』『糸まき』『げんこつやまのたぬきさん』『おんまはみんな』『きらきらぼし』『どんな色がすき』など。

応援メッセージ！ 心に太陽を！　クチビルに歌を！

歌うことが苦手でも、子どもたちといっしょに、たくさん歌って楽しい時間を過ごしましょう。歌は心を開くステキなコミュニケーションの手段になりますね。

2
3

子どもと遊ぼう

おもちゃで遊ぶ、魅力と大切さ

キーワード・ヒント

外界への興味・関心

生まれて間もないころから周囲の声に耳を傾け見つめようとします。おもちゃは音や色、形、触感で世界を広げ好奇心を満たす最初の遊び仲間です。

なるほど！

子どもは、初めて見るおもちゃに興味津々です。手指が自由に動かせるようになったらつかもうとし、体の移動ができるようになったら取りに行こうとします。また、愛着を持つと、子ども同士で取り合ったり、貸し借りもできるようになります。おもちゃは、発達のさまざまな段階で社会性もはぐくむ魅力ある道具になります。また、おもちゃにかかわって遊ぶことで、物を大事にすることも伝えていきましょう。

実践！ 納得！ 大丈夫！

発達に合わせて準備しよう！

感覚や運動面での身体的発達が進み、外界に興味を持つようになると、おもちゃで遊ぶようになります。色や音、手触り、動くものなど、五感を刺激しながら、発達にともなってさまざまなおもちゃに触れさせてあげたいですね。

●簡単手作りおもちゃで遊ぼう●

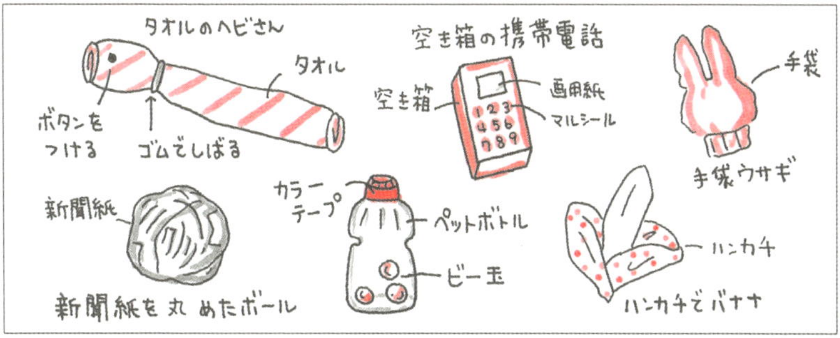

手作りおもちゃには温かさがあり、子どもたちも好んで遊びます。子どもの発達や興味に合わせた手作りおもちゃを作ってあげましょう。保護者にも、子どもの遊んでいるようすを伝えたり、作り方を知らせたりするといいですね。

●安全面、衛生面に配慮したものを！●

乳幼児期には、何でも口に入れてしまいがちです。衛生面にも気を配りますが、特に、誤飲などを避けるため、大きさや素材には十分に注意します。また、とがっているものや、体に巻き付いてしまう恐れのあるものは避け、安全に安心して遊べる物として整えていきましょう。

●点検・管理をしっかりしよう！●

使っていくうちに壊れてきたり、ほつれてきたり、また、よだれや食べこぼしなどがついてしまうこともあります。こまめにチェックをして、消毒や修繕をしましょう。

応援メッセージ！　おもちゃの遊び方では、負けません！

子どもがおもちゃでどう遊んでいるかを見ていると、意外な発見があります。また、保育者が、手を貸してひっくり返すなどすると、違う遊びを見つけたりもします。優れたおもちゃでも、楽しく遊びに発展していくには、保育者がきっかけやかかわり方を示してあげることも必要なことなのです。

2・4

子どもと遊ぼう

何度も絵本を、読んでほしいという気持ちは？

キーワード・ヒント

子どもと絵本

リズミカルで繰り返しの多い乳児絵本は優しく読んでもらう体験が大切。0歳後半ではかじる遊具にもなるけれど、人の話を聞く基本の力を育てます。

なるほど！

何度も保育者に絵本を読んで欲しいとせがむ子どもがいます。それも、お気に入りの同じ絵本を何度も…。読む側としては内心飽きてしまい、読み方もいい加減になってしまいがちですね。読んで欲しいという気持ちの奥には何があるのでしょう。それを知りましょう。

実践！ 納得！ 大丈夫！

●「ヨンデ！」の気持ちの奥には？●

子どもは、まだ自分の気持ちを言葉で表すことができません。いろんな気持ちが「ヨンデ！」のなかに込められていると考えて、子どもの要求を受け止めてあげましょう。

●絵本とスキンシップのスタイルいろいろ●

＊膝に抱いて＊

＊みんなで楽しもう＊

＊寄り添い並んで＊

＊子どもに読んでもらうことも…＊

絵本を読んで欲しい子どもの気持ちには、保育者と１対１で過ごせる満足感が味わえることも大きい理由ではないでしょうか？　ひとりひとりに対応するのは、なかなか難しいことですが、子どもの成長に合わせて、ゆったりとした絵本の時間を持てるといいですね。

注意 ●無理に取り上げないようにしよう●

他の本への興味を促すことも試しますが、無理に取り上げないようにしましょう。何度も読みたい気持ちや、大切にしている子どもの気持ちを優先させましょう。

応援メッセージ 絵本タイムはステキ！

子どもに絵本を読んであげるという立場より、子どもとのゆったりした時間を共有するという気持ちでいられたらいいですね。子どもの興味を考えた本を見つけたり、保育者もいっしょに楽しめる本を探すことも喜びのひとつと考えましょう。

2・5

子どもと遊ぼう

絵本や紙芝居を、読み聞かせるときは？

キーワード・ヒント

読み聞かせ

１歳前後はひざの上で１：１でも徐々にみんなが見たい状況になります。優しいいつもの声のトーンでリズミカルに、反応を楽しみながら読み聞かせましょう。

なるほど！

子どもたちは、絵本や紙芝居が大好きです。集まりやお昼寝前など、集中したり、気持ちの落ち着きが必要なときにぴったりの活動と言えます。場面を進めるごとに、夢中になって見たり聞き入ったりする子どもの姿に、保育者は読み手の喜びを感じることでしょう。子どもが満足して絵本などの別世界で楽しむことができるように読み聞かせの工夫をしましょう。

実践！ 納得！ 大丈夫！

指遊びなどで、まず、集中・注目を！

低年齢の場合は、特に、もう一段階前の集中･注目を導入にすると、じっくり絵本などの世界へ移ることができるでしょう。

子どもの「どうして？」にも応えながら

思ったり疑問に感じたことを口に出さずにはいられない子どももいます。無視して進めたり、しからずに、ほかの子の集中が途切れない範囲でこたえましょう。相づちを打つだけでも納得するものです。

ゆっくり、はっきり読もう

子どもたちのたくさんの注目にせかされるように、どうしても早口になりがちです。子どもは話を聞きながら、絵も目で追っているので、ゆっくりと、はっきりとした口調で進めましょう。

一度きりではなく…

一度全部読んで「おしまい」ではもったいないですね。時間があれば、今度は、じっくりとページを進めます。印象に残る場面では子どもの気持ちを聞いたり、「どうして？」にも具体的にこたえたりできますね。

絵本の見せ方

読み聞かせをしやすい姿勢は、保育者それぞれによって異なりますが、ぐらつかず安定した持ち方に配慮して行ないます。子どもから見やすくすることが一番大事です。

紙芝居の見せ方

裏面に文章があるので、読みやすいのですが、その分、子どもの表情を見逃さないよう、反応を確かめながら進めましょう。適当な台や机を利用してもよいでしょう。

ちょっとした演出で、お話を楽しく

内容や登場人物に合わせて、声の大きさやトーン、緩急など、さまざまに変えましょう。また、場面のおもしろさを出すために、少しじらしてページをめくったり、一気に開いたり、演出ひとつで楽しさも倍増しますね。

応援メッセージ お話大好き！ 絵本大好き！ 先生も！

絵本は、お気に入りの場面が出てくると、セリフなどを大合唱します。「来るぞ、来るぞ！」のタイミングを、子どもの顔と見比べて言うのは、読み手の醍醐味ですね。絵本や紙芝居の世界を保育者もいっしょに楽しみましょう！

2-6 子どもと遊ぼう

描いたり、作ったりを楽しもう！

キーワード・ヒント

想像力

子どもたちの遊びは生きる源。描く、折る、丸める、など動詞には遊びのヒントがいっぱいです。造形遊びは子どもの想像力を広げ思考力を高めます。

なるほど！

子どもは発想豊かで、好奇心旺盛《おうせい》です。手指が発達し、物をつかめるようになるといろいろなものにかかわり始めます。紙を握ったり、丸めたり、破いたり、また、クレパスでぐるぐるお絵描きといった、描くことにも興味を示していきます。「作品を作る」ことにとらわれず、創作への芽生えが見えたら意欲をのばし、遊びにして楽しめるようにしていきたいですね。

実践！ 納得！ 大丈夫！

素材遊びが大好き！

紙なら、丸めたり、破ったり、ぐちゃぐちゃにしたり…。いろんな素材に触らせてみましょう。感触を確かめたりして楽しみながらいっしょに遊びましょう。

ことばがけで広げよう！

何かをかき始めたら、「ぐるぐる～」「いろんな色だね」などのことばがけをしてみます。さらに何かに見えてきたら、「○○みたい！」とイメージを膨らませたり、遊びを広げたりしていきましょう。

●保育者のひと工夫で作品に●

ペタ
ペタ
モールをつけて
カバンに！
写真を貼って
えんぴつたてに！

「きれいに作ろう」「何を作ったかわかるような作品にしよう」と思わずに、子どもがのびのびと楽しんで作ることを応援しましょう。みんなに見ていただく機会があるときは、作ったものに保育者のちょっとした工夫を加えてあげましょう。すてきな作品になりますよ。

●子どもの思いや、イメージを伝えよう！●

センセ！
コレ
ブタサン！
ニコ
ニコ
じょうずに描けたね。
廊下にはろうね～!!
ブタさん
描いたん
だよね！
ゆ～
すごいね～
ウン！

子どもの作ったものが大人から見て何かわからなくても、子どもにとっては何かをイメージして描いていたりします。保育者は、子どもが作っているその場で、子どもの気持ちを聞いたり、つぶやきなどをメモしておくといいですね。保護者にも伝えやすくなります。また、活動中の写真を添えてみるのもいいですね。

応援メッセージ **子どもといっしょに、想像力の翼を広げよう！**

作品展
ボクカイジュウ
ツクッタノ！
すご～い！
パシャ
パシャ
パシャ
さすが
オレの
息子!!
えっ
へんっ
ねんど

子どもの想像力は無限大です。子どもの主体性を大切に、描いたり作ったりするありのままの姿を受け止めて援助していきましょう。子どもの手から生まれたものなら、保護者は無条件に喜んでくれるでしょう。

子どもと遊ぼう

2-7 自然と遊ぼう！ 感性をはぐくむ、豊かな保育を！

キーワード・ヒント

自然とのふれあい

五感に響く体験は０歳の時から保育の原点。知識ではなく体験を広げる時期なので泥や水はもちろん虫や植物、風、光、香りへの興味も遊びの中で培いたいもの。

なるほど！

自然とのふれあいはとても大切です。１～２歳児の子どもに自然とのふれあいをもたせるのは、保護者や保育者の役割が大きいといえます。郊外に行かなくても、身近な自然はいっぱいあります。遊びを通して自然とふれあう機会をたくさん作って、感性を豊かにはぐくんであげましょう。

実践！ 納得！ 大丈夫！

窓を開けて、耳を澄まして…

「あら？ チッチと鳴いてるね！」など、自然の音に耳を傾けることばがけをしましょう。葉っぱのざわめきやセミの大合唱も…。自然は音からも感じることができますよ。

植物の生長を見て感じよう！

園庭に種をまき、その生長を日々観察してみましょう。「大きくなったね！」「お花が開いたよ」など、変化のようすに、子どもたちも何かを感じ、感動につながるでしょう。

●小さな生き物を見つけた！●

園庭や公園にいるいろんな生き物に目を向けます。アリ、ミミズ、ダンゴムシなどは、比較的簡単に見つけることができます。「こんな所にいたんだね！」「元気だね！」などのことばがけをしましょう。生き物に親近感を抱き、自然に興味を示しだしますよ。

●季節を感じて！●

●集めたもので遊ぶ、作る●

公園には自然の宝物がいっぱいあります。お散歩の機会に訪れて、自然物にふれあって遊びましょう。また自然物を集めて持って帰り製作遊びに発展させてもいいですね。

●絵本や図鑑も大活躍！●

出かけた後は、自然にまつわるお話の絵本や、図鑑を見せてあげるのもいいですね。

注意 ●触ってはいけないものも…●

ケムシの中にも有毒なものがいます。また、イチョウの実、ウルシの木などは触るとかぶれたりします。事前に活動する環境をよく調べておきましょう。

応援メッセージ！ 自然への窓をいっぱいに広げよう！

虫が苦手でも大丈夫！　空を見上げたり、大地に転がったり、木を抱っこしたり…。自然とのふれあいは無限です。自然といっしょに生きていることを保育者自身も気づいて、そのすばらしさをそのまま、子どもたちに伝えてあげればいいのです。

嗚呼! 新任保育者 4 コマColumn その3

ありんこさん
センセ～
オヘヤニ
アリンコサン
ハイッテキタヨ～
なぁんですって～～!!
子どもたちを
かんだら
許さない弁
この害虫め～～!!
ふみつぶしてしまえ～～～!!
アリンコサン
マイゴ？
オソトハ
アッチダヨ～
ニコ ニコ
ウン
ウン
・・・
← 足
反省
バイバ～イ!
ササッ
タスカッタ

保育者の思い。子どもの思い。純粋な気持ちに気づかされることがありますね。

先生になりたい
さ～っ
サ～ッ
お集まり
はじめるよ～
スルヨ～
手遊び なに
しようかな～ ？
カナ～？
・・・・
ニコ ニコ ニコ
・・・
ゆきちゃん先生 ひとつ
お願いします!!
サッ
ハイ!!

子どもは先生のまねっこが大好き。ときには、お手伝いをしてもらいましょう。

3章

子どもの生活習慣を支える保育者の役割

園の集団生活のなかで、子どもは基本的な生活習慣を身につけていきます。保育者はひとりひとりの子どもの成長にあわせて、自立への援助をしていきます。そこには保護者との連携は欠かせません。たえず連絡をとりながら、共に育てていくという姿勢を大切にしましょう。

3-1

子どもの生活習慣を支える保育者の役割

食事…低月齢児

ミルクの飲ませ方と、その環境

キーワード・ヒント

授乳

産休明けから登園する赤ちゃんはまだ生活リズム形成期。授乳時は優しく抱き上げ目を見て話しかけてあげて。ひとりひとりへの対応が欠かせない食事場面です。

なるほど！

月齢差や入園時期の違いなどで、低月齢児のミルクのタイミングには個人差があります。特に6か月未満の乳児は睡眠時間が違うため、ひとりひとりへの対応が必要です。授乳の基本から環境への対応を学び、日々少しずつ覚えながら慣れていきましょう。

語りかけるように

おいしいね〜

歌を歌ったり…

ごく…

実践！ 納得！ 大丈夫！

授乳のときのポイント！

＊ミルクは乳首までしっかり満たす！＊

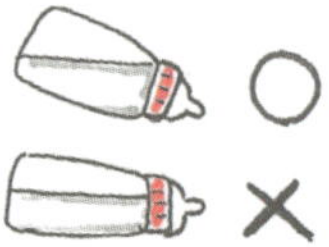

空気を飲み込まないように、乳首まで十分にミルクを満たしているかを確かめます。

＊授乳時間は？＊

そろそろいいかな？

乳首の穴の大きさやキャップの締め具合を調整して、約15分ぐらいを目安に終わらせましょう。

＊ゲップは必ず！＊

ゲップ
でた！

飲ませた後は必ずゲップをさせます。

＊記録は大切！＊

ミルクは○○cc

時間、飲んだ量、機嫌、気になることなどを記録しておきましょう。

●室内環境を工夫しよう●

食事をする環境から見ると、特に乳児の場合は、授乳やお昼寝、オムツ交換が同じフロアーで行なうことも考えられます。棚やパーテーションなどをうまく利用してコーナーを作るといいですね。また、飲ませるときの工夫として、ソファーやイスを用意したり、ひじや背中にクッションを置くなどすると、姿勢が安定して落ち着いて授乳ができるでしょう。

押さえておこう！

●調乳のしかた●

1 一度沸騰させたお湯を50～60℃にさまし、でき上がりの量の2/3ほどを哺乳ビンに入れます（ミルクにそのまま熱湯を注ぐと成分が破壊されるため）。

2 容器添付の計量スプーンで粉ミルクをすり切り量入れます（正確に計量）。

3 お湯の入った哺乳びんに粉ミルクを入れ、びんの底で円を描くようにして軽く振りながら溶かします。

4 でき上がりの量までのお湯を足します（ミルクの泡の下の部分が目盛りラインに合っているかを、目盛りを目の高さに合わせて確認）。

5 乳首の先が指に触れないように気をつけて、キャップの縁を持って哺乳びんにセットします。

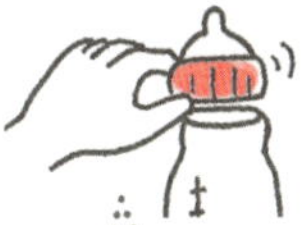

6 再びよく振ってミルクを混ぜ、40℃ぐらいに冷まします（手首に2～3滴落とし、適温を確かめる）。

＊赤ちゃんと乳首の相性！？＊

サイズもあり、メーカーによって形や穴の位置が異なります。素材も感触もさまざまあるので、赤ちゃんに合うものを使いましょう。

応援メッセージ　子どもも保育者もリラックス！

優しく、ゆったりした気持ちで授乳の時間を過ごしましょう。

食事…1～2歳児①

楽しい食事タイムの、環境と対応

キーワード・ヒント

食育

食べる - 食べさせるは人間関係の始まり。抱っこされひとりひとり別々に話しかけられたり、テーブルに花が一輪あったりと場面を大切にする対応が必要です。

なるほど！

0歳児からもち上がった子どもは、座る習慣もついて、立ち歩くようなことも少ないですが、1歳児の新入園児は、手のかかることもあります。集団生活に慣れないため、落ち着きがないからです。しかし、そんな子どもたちも、みんなのペースに少しずつ合わせていけるようになるので、促していきましょう。

実践！ 納得！ 大丈夫！

時間をかけすぎないように

1歳児の集中力を考えると、20分前後くらいで終えるのが理想です。苦痛になるほど座らせておくのは楽しくありませんね。

落ち着いた雰囲気のなかで

準備や食事の介助で、慌ただしく動いていると、子どもたちも落ち着いて食べられません。ゆったりとした雰囲気の環境を、まず、保育者自身がつくりましょう。

●保育者のことばがけで楽しく！●

「みんなで食べる食事は楽しいね！　おいしいね！」という、食事への基本の雰囲気を、この時期から伝えたいです。ことばがけやアイデアなどをどんどん工夫して、食事の時間を楽しいものにしていきましょう。

●環境からも、食事を楽しく！●

この時期の子どもは、周りに興味や楽しいことがあると気が散って集中できません。食事をする「場」の雰囲気づくりも大切になります。パーテーションで区切ったり、角を利用したコーナーに場所をつくったりするなどしましょう。壁面には食べ物の絵などを楽しく描いてはったりするなど、さまざまな工夫をしましょう。

注意 ●アレルギーの子どもに配慮しよう●

子どものアトピーやアレルギーを把握しておきましょう。食事中も、確認を怠らないようにしましょう。

応援メッセージ 落ち着きと楽しさのバランスで！

集中のためには落ち着さを、おいしく食べるためには楽しさを、保育者はどちらも考えながら進めていきましょう。

3・3

食事…1～2歳児②

苦手な物が食べられるようになる工夫は？

キーワード・ヒント

好き嫌い

最初は苦手というのは誰にでもある体験。細かく切って混ぜたり調理法を変えたりしながら「食べられた」達成感と挑戦意欲を持てるといいですね。

なるほど！

低年齢児でも食べ物の好き嫌いはあります。しかし、できればひとつひとつの食材をおいしく食べられるようになってほしいですね。無理強いすることなく、少しずつでも食べられるように促していきましょう。

実践！ 納得！ 大丈夫！

●少しずつ食べよう●

苦手なものがお皿にたくさんあると、見るだけで食べる意欲が減退してしまいますね。でも、少しずつなら大丈夫に思えるかもしれません。量を減らしたり、品数を少なくするなど工夫して、子どもの気持ちやようすを見ながら進めていきましょう。

●食べられたら、いっぱい褒めてあげよう！●

偏食や完食への援助はひとりひとり違ってきます。その子なりに食べることができたら、量の多少にかかわらず、たくさん褒めましょう。また、まったく食べられなかったものが食べられたときや、残さず全部食べられた場合は、思い切り褒めて励ましてあげましょう。自信がつき、おなかも心も満たされますね。

●食べたくなる意欲の応援団！●

明るく、楽しく、「食べたいな！」「食べてみようかな？」と思えるような雰囲気づくりをしましょう。周りの人に応援してもらうのは、子どもにとってうれしいものですね。

注意 ●食事が苦痛の時間になっては…●

食べさせようと無理強いして、食事の時間が嫌にならないようにしましょう。

応援メッセージ　言い続けよう！「おいしいね！ 楽しいね！」

全部食べなくても大丈夫。ひとつひとつの味を知ることが大切です。どうしても食べられないときは残してもいいと言ってあげましょう。でも、少しずつ増やすようにがんばる励ましも必要ですね。 食事はおいしく、楽しくを心がけましょう。

食事…1～2歳児③

4 手づかみから、スプーン、おはしへ

キーワード・ヒント

手指の発達
0歳後半からやりたい！意欲が出てきます。手先指先は脳の出店。食器の使い方に興味をもたせる環境作りと体験を積み重ねることでコントロール可能になります。

なるほど！

手指の発達とともに、食べ物を自分で持って食べようとします。また、大人がスプーンやおはしで食べるのを見て、それらに興味を示し、自分も持って食べたがるようになります。それぞれの段階で、こぼしたり、汚したりしますが、「自分で食べたい！」「みんなと同じように！」という気持ちを大切に育てていきましょう。

実践！ 納得！ 大丈夫！

●こぼしてもいいよ！●

スプーンを持っているだけで、手づかみということはよくあります。こぼしながらも勢いよく食べようとするのは自主性の表れ。意欲を褒めながら、徐々に促しましょう。

●おはしにのってるだけでもOKよ！●

はじめはどんな持ち方でもいいです。意欲と努力の成果が見えたら、認めて褒めてあげましょう。少しずつ持ち方を教えてあげるといいですね。

●遊んで覚えよう！　スプーン編●

ダイズさん
先生にもわけて
イイヨ！
スプーンでこっちに
入れて下さ〜い！
ハーイ！

ままごとや砂場遊びでも、「すくって入れる」動きが身についていきます。「先生にも分けて！」「○○ちゃんにもあげるね」など、ことばがけをしながら、楽しく遊びましょう。

●遊んで覚えよう！　おはし編●

はるちゃん
じょうずに
なってきたね
ひもを結ぶ
テープ
キラキラテープ
まるめる
モールを2つ
ねじる
スズランテープ
細かく切る
マカロニ
ボタン
素材は何でもOK。つかみやすいものから、つかみにくいものまで、いろいろ入っていたほうがいいですね。
市販の割りばしは大人用なので、上を少し切って、カラーテープを巻き、上下がわかるようにします。

手作りのおはしセットで、楽しく使い方を覚えましょう。適当な大きさの空き箱に仕切りを作ったり、ふた付きのケースを用意して、お弁当箱に見たてて遊ぶと楽しいでしょう。

注意 ●おはしの振り回しに注意！●

持ち始めたおはしがうれしくて、振り回したり、投げたりすることもあるかも知れません。また、おはしをもったまま歩いたりすることも危険なので、保育者の見守りが必要です。

ブン
ブン
イエ〜イ！
危ない！

応援メッセージ　興味を示したら、チャンスですよ！

おはしは一生使います。きちんとした持ち方を身につけるのは大切なことです。興味を持ち始めたら、ひとりひとりゆっくりと教えてあげましょう。

3-5

子どもの生活習慣を支える保育者の役割

排せつ…援助

オムツ交換を、じょうずに進めるコツ

キーワード・ヒント

ウンチの具合と健康状態

乳児の健康を教えてくれるのはオムツの中身。下痢や軟便の頻度やようすで状態がわかります。楽しくオムツ換え、だけどあなたの目はしっかり中身をチェック！

なるほど！

オムツを交換するとき、赤ちゃんは開放感から逃げ出したり、おしっこをもらしたりします。そういった現場での騒動は、経験の浅い保育者にとってとまどいですが、うんちは、健康状態を知るひとつの手がかりにもなります。子どもに愛情を持って接しながら、スムーズにオムツ交換ができるように経験を積んでいきましょう。

実践！ 納得！ 大丈夫！

●関心を違うところへ向けている間に！●

＊歌いながら～＊

＊おもちゃを持たせて～＊

＊上からものを吊して～＊

保育者が準備をしている間、じっと待っているのに飽きてしまいます。気をそらしたり紛らしたりしながら、その間にすばやく進めましょう。

●清潔・衛生の感覚を促して●

＊ことばがけで爽快感を！＊

「スッキリしたね！」「気持ちいいね！」などと、汚れたオムツから解放された感覚を知らせましょう。爽快感をしっかり言葉としてとらえることで、子どもの清潔感覚も育ちますね。

＊赤ちゃん体操を取り入れて！＊

オムツ交換のときに簡単な体操をしましょう。体をさすったり、足の曲げ伸ばしをゆっくり、変化をつけて行ないます。血行を促すとともにムレ防止にも…。

押さえておこう！

●スッキリ！　オムツ交換の手順●

①汚れたおしりをきれいにするため、おしっこやうんちを、ぬるま湯で絞った清潔なガーゼや布、脱脂綿などでふき取ります。
※冷たいウエットティッシュは避けます。
※女の子は必ず前から後ろへ。男の子はおちんちんの後ろもよくふき取ります。
後は水分をふき取り、おしりを十分乾かしてから②の手順へ（この間に赤ちゃん体操を）。

②おしりの下に手を入れて持ち上げ、オムツをおしりの下に差し込みます。

③横もれ防止のために、赤ちゃんのまたぐりに合わせて、オムツにギャザーを寄せます。

④オムツがおへそにかからないように、おへその下で折り返し、コンパクトにまとめます。

⑤オムツをまとめた後カバーで覆い、マジックテープで留めます。
※あまりきつく締めないように。
※背中やわきからはみ出たオムツは、カバーの中に入れます。

応援メッセージ！ スッキリの後は、笑顔がいっぱい！

排せつの介助はたいへんですが、とても重要なことです。オムツ交換をして、子どもたちが清潔を保ち、機嫌よく過ごせるようにしてあげましょう。

3-6

子どもの生活習慣を支える保育者の役割

排せつ…自立へ①

準備と、開始の時期

キーワード・ヒント

排尿間隔と排せつの自立

２歳前後で排尿のリズムもでき昼間のオムツ外しが始まる子も多いでしょう。オムツが取れて軽くなると排せつの自立に向かいます。

なるほど！

１歳児クラスになると、排せつの自立へ向けて、オムツを外す練習を開始します。ひとりひとりの進み方は異なり、さまざまです。家庭と連絡を取り合いながら、それぞれの子どものペースに合わせて、無理なく進めていきましょう。

みんな～ そろそろ はじめるわよ～!!
ワク ワク
ハーーイ!!
ヨシ!
モリモリ～

実践！ 納得！ 大丈夫！

●保育者間で進め方の話し合いを！●

としくんはあんまり もらさないので トレーニングパンツで 一日過ごして お昼寝のとき だけ、挟みオムツ にしましょう
はなちゃんはまだ 失敗もあるから このまま ようすを みましょう

子どもそれぞれの進み具合を把握しながら、半月か１か月間隔で行なうクラスの検討会議が必要です。このとき、ひとりひとりの状況を詳しく確認して、おおまかな方針を決めていきます。その内容を家庭へ伝えて共有し、協力態勢で進めていければいいですね。

●開始時期と準備のお知らせを●

月齢や入園時期などひとりひとり違いますが、時季から見ると、園生活に慣れた６～７月ごろがひとつの目安です。トレーニングパンツと、脱ぎ着しやすい服の準備を保護者にお知らせしましょう。

●保護者へ伝え、協力してもらおう●

保護者の中には「園がしてくれる」と考える人も少なくありません。協力態勢で進めていくことが、自立への早道であることを十分に伝えて理解してもらいましょう。

保護者もいっしょに

●排せつの自立へ！ スタートはいつ？●

★排せつの感覚には、脳や神経の発達も関係してくるので、トレーニングの開始が早ければよいというわけではありません。反対に遅すぎてもタイミングを外します。

★目安は、1 歳半～2 歳くらいです。下絵のような 1、2、3 のようすが見られたら、スタートしてみましょう。午睡明けに 1 回オマルに座るなど、徐々に促していきましょう。

1

自由に歩け、オマルに座れる

2

自分で知らせる

3

ぼうこうに 2 時間くらい尿をためられる

応援メッセージ！ オムツはみんな、いつかは取れますよ！

目安やデータはあくまでも基準です。基本は、ひとりひとりそれぞれで、開始の時期も進め方も違います。促し、見守り、ゆっくりと進めていきましょう。それを、保護者にも伝えてあげましょう。

3 子どもの生活習慣を支える保育者の役割

7

排せつ…自立へ②

スムーズに進めたい、トイレ習慣

キーワード・ヒント

子どもにとってはカルチャーショック
今までのオムツの柔らかな感触から、オマルのプラスチックの硬質なへりに座らされるのはびっくりであり、不安です。その気持ちをわかってあげましょう。

なるほど！

ことばがけをしてトイレに誘っても、行きたがらない子どもがいます。保育者もつい、保護者と同じ気持ちで焦ってしまいますね。どうして行きたくないのでしょう？　出ないから？　遊びたいから？　大人のように、都合で先や後にすることはまだできないということを知っておき、子どもの気持ちをくみながら、タイミングを考えて進めていきましょう。

実践！ 納得！ 大丈夫！

子どものこんなサインを見つけたら！

子どもがオムツにおしっこやうんちをするときに、いつもと違ったようすが見られます。じっとしていたり、部屋の隅に行ったり、またに手をやったりします。そのようなサインを見逃さず、そのタイミングで、ことばがけをして促していきましょう。

●1日の生活のリズムの中で●

朝起きてから夜寝るまでの生活の流れに合わせて、排せつのタイミングを習慣づけましょう。その中には水分をとる3度の食事を挟んでいます。体の生理的な感覚を生活のリズムにうまくタイミングを合わせて進めていくことも効果的な方法です。

●うまく出たらとにかく褒めよう！●

苦労の末トイレに行けたとしても、今度は出るとは限りません。しかし、そんなことを繰り返して、何かのきっかけでついに「出た！」ときは、思い切り褒めましょう。トイレに行ったといっては、褒め、便器に座ったといっては、褒め、「出た！」といっては褒めます。できたことを褒め続けて自信につなげてあげましょう。

注意 ●失敗してもしからないで！●

トイレでは、座らなくても、出なくても、汚しても、しからないでいましょう。失敗を恐れて、言わなくなったり、次に進まなくなります。見守る姿勢でいましょう。

3・8

子どもの生活習慣を支える保育者の役割

排せつ…自立へ③

停滞や逆戻りでも、いつかは成功！

キーワード・ヒント

個人差と試し期間

発達はらせん状に動くので行きつ戻りつあたりまえ。いつかはできるとだれでもわかっているのでオムツ返りや停滞モードも視野に入れての保護者対応が大切です。

なるほど！

うまくトイレでできていたのに失敗するようになったり、オムツに逆戻りすることがあります。「せっかくできていたのに」とがっかりしがちですが、失敗や成功を繰り返しながらトイレ習慣は身についていくものです。気長に進めていきましょう。

最近失敗が
多いのは
どうしてだろう？
ビショ
デチャッタ

実践！ 納得！ 大丈夫！

●例えばこんな原因やきっかけで成功と失敗を繰り返します●

＊長期休みの後＊

ゴールデンウィークの後など、よく逆戻り現象が見られます。園でせっかくついた習慣やリズムが乱れるからです。家庭との連携を取りましょう。

紙オムツ生活で
でても
平気な
感覚に

＊環境が変わった＊

引っ越しなど、環境が変わったことなども原因になることがあります。

落ち着かないよ..
キョロ
キョロ

＊子どもの体調＊

長引く病気の後や、下痢や便秘が続いたりしても、トイレ習慣が停滞することがあります。

お腹いたいよ..
ゴロ
ゴロ

＊気温の変化＊

急に寒くなったり、暑くなったりといった、気温の変化が原因のときもあります。

寒いからすぐに
ちーでたくなる..

●子どもがトイレを嫌がる理由●

＊恥ずかしい思いはイヤ！＊

もらしてしまったときに、「汚い」と言われたり、恥ずかしい思いをしてしまったことで、「教えたくない！」という気持ちになります。そんな思いをさせないように配慮しましょう。

＊せかされてプレッシャー！＊

「出ないの？　だめじゃない」などと、せかされ、しかられることでプレッシャーを感じ、行きたがらないことがあります。ことばがけにも気をつけましょう。待っている側が焦らず、ゆったりと構えることが大事です。

保護者もいっしょに

●保護者へのアドバイスは…●

「○○ちゃんはとれたのに、うちの子は…」「早くパンツで過ごせるようになってほしい」などと、保護者は、心配や不安な気持ちを訴えるでしょう。まずは受け止め、子どもそれぞれに進み方が異なることを知らせます。また、いろんな情報に惑わされないよう伝えましょう。

●進みぐあいを知らせ合いましょう●

ひとりひとりの進み方やようすを、家庭と園とでこまめに伝え合うことが大事です。進み具合を双方が知っていることで、子どもへのサポートもスムーズにいくでしょう。

応援メッセージ！　保育者も、子どものペースに寄り添って！

どこまでも子どものペースに合わせて進めることが大事です。焦らず、少しずつできるように、促していきましょう。

3 子どもの生活習慣を支える保育者の役割

清潔・衛生

9 沐浴でスッキリ！気持ちいいね

キーワード・ヒント

沐浴
さっぱりすると気持ちがいいねという感覚は生後すぐから身につけたいもの。だんだん周囲が見えてきて遊びが始まったりするのも楽しいひと時。習慣づけたいですね。

なるほど！

ずっと寝ていても、赤ちゃんの新陳代謝は活発に行なわれています。汗もたくさんかくので、体を清潔に保つためにも沐浴はとても大切です。やさしく赤ちゃんをあやしたりして、気持ちよく沐浴ができるようにしましょう。赤ちゃんのようすをしっかり見ることができ、ふれあいの機会にもなります。

ゴシ ゴシ
きれい きれい
キャッ キャッ
きもち いいね〜
ダ〜♡

実践！ 納得！ 大丈夫！

●子どもの体調をしっかり確かめてから●

朝はお熱なかったけど. 今はどうかな？
体に異常はないかな？
機嫌はどうかな？

＊沐浴を控えるとき＊
機嫌が悪い、熱がある、ひどい下痢・おう吐、予防接種をした後などです。看護師さんにも相談しましょう。

今日はやめておきましょう
はい

体調によって沐浴を控えなければならない場合があります。保護者とは、連絡帳などでの確認を行ない、園でも保育者間の申し送りを徹底しましょう。また、沐浴前にも必ず、子どものようすを確認しておきましょう。

押さえておこう

●沐浴のさせ方●

1 服を脱がせて沐浴布をかけ、足先からそっとお湯に入れます。耳の中にお湯が入らないように、耳を指で押さえましょう。

2 お湯でガーゼを絞って、顔をふきます。

3 片手で石けんを泡立て、頭を洗います。すすぎは、ガーゼでていねいに頭の石けんをぬぐいます。

4 もう一度石けんを泡立てて、首、手、胸、おなか、足を洗います。

5 背中とおしりを洗うときは、赤ちゃんの体をひっくり返して洗います（難しいようなら、石けんのついた手を背中へ回して洗ってもOK）。

6 洗い終わったら、少しの間お湯の中で体を温めます。最後に沐浴布を外し、きれいなお湯を体にかけます。

7 お湯から上げて、用意したバスタオルの上に寝かせ、タオルで、体を押さえるようにして水分を拭き取ります。

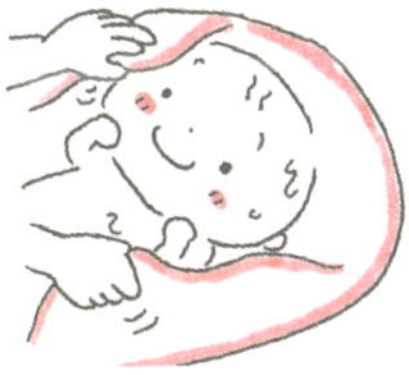

8 オムツをし、服を着せます。最後は髪をとかし、耳と鼻の入り口をきれいにします。沐浴の後はのどが乾くので、湯冷ましなどをあげてもよいでしょう。

★沐浴できないときは、首筋や耳の後ろ、顔、わきの下、おしりを、お湯で絞ったガーゼできれいにふいてあげましょう。

★園によって沐浴のさせ方はさまざまです。先輩保育者から手順などをしっかり学びましょう。

応援メッセージ！ 「気持ちいいねー！」のことばがけをいっぱい！

汗いっぱいだ～
きれいきれい
するよ～!!
キャッ
キャッ

赤ちゃんにとって沐浴の時間は、気分転換もでき、体もスッキリします。「気持ちいいね～！」などと話しかけましょう。沐浴後は、水分補給や休息も必要です。

3-⑩

子どもの生活習慣を支える保育者の役割

清潔・衛生

習慣づけよう！ 手洗い・うがい・歯みがき

キーワード・ヒント

清潔・衛生

生活習慣の目標は自分で生活を仕切れる自律。2歳の自我の芽ばえはその第一歩。なぜ必要かも含め日々話し実践していく努力が習慣そして健康につながります。

なるほど！

手洗い・うがい・歯みがきの清潔・衛生の習慣は、きちんと身につけさせたいですね。「きれいに洗ってバイキンをやっつけよう！」「何でも食べられる元気な歯にしよう！」といった気持ちで習慣づけましょう。集団生活のきまりの中で、みんなといっしょにすることで自覚が促され、やる気も出てきます。家庭と連携して楽しく継続させていくことが大切ですね。

手洗い
うがい
歯みがき
手ピカピカ
おくち スッキリ
歯ピカピカ
ばいきん バイバ――イ!!

実践！ 納得！ 大丈夫！

●手洗い「ゴシゴシ！」●

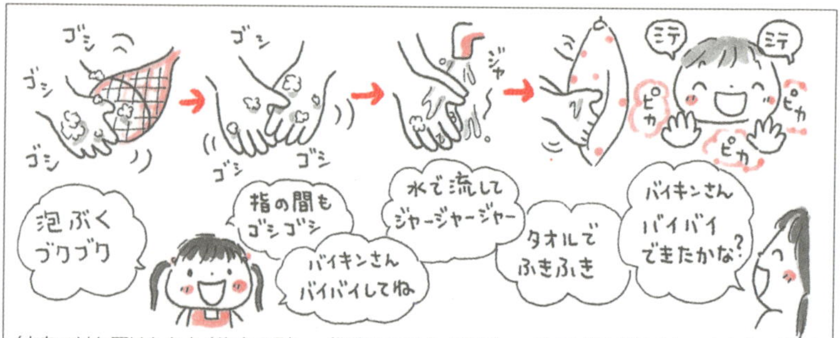
ゴシ
ゴシ
ゴシ
ゴシ
ゴシ
ゴシ
ジャ～
ミテ
ミテ
ピカ
ピカ
ピカ
泡ぶく ブクブク
指の間も ゴシゴシ
バイキンさん バイバイしてね
水で流して ジャージャージャー
タオルで ふきふき
バイキンさん バイバイ できたかな？

〈水をつけた石けんをよく泡立てる〉→〈指先や手をよく洗う〉→〈水で、泡と汚れをしっかり洗い流す〉

上の行程をしっかり覚えさせてあげましょう。「バイキン、バイバーイ！」など、各行程のポイントをわかりやすく言うなどして、最後までやり終えることを促します。見守りながら十分でないところはサポートし、最後は保育者がチェックしましょう。

「ブクブクうがい」、「ガラガラうがい」を覚えよう！

＊ブクブクうがい＊
ぶく
ぶく
ぶく
＊ガラガラうがい＊
がら
がら
がら

「ブクブクうがい」は、食後やおやつの後にするうがいです。歯みがきができないときは、こうするだけでも、口の衛生に効果があります。「ガラガラうがい」は、のどをきれいにするうがいです。散歩や戸外遊びの後などにします。かぜの予防にもなるでしょう。

歯みがき「シュッシュッシュッ！」

＊導入…模型を使って＊
前の歯を みがくよ〜
1.2.3
ごはんの後は おくちの中に バイキンさんがいるんだよ
コワイ
ヤダ!!

歯は、一生使う大事なもの。歯みがきの習慣をしっかり身につけさせて、子どもの歯の健康を守りましょう。毎日の歯みがきでもサポートしますが、大きな歯の模型を使った練習は、ダイナミックで子どもの関心をひきます。楽しく歯の大切さを伝えていきましょう。また、歯みがきがテーマになった絵本や紙芝居を見せるのもいいですね。

応援メッセージ！ **元気な歯は、元気な体をつくる基だ！**

お散歩から戻ったら なにするんだっけ？
テアライ！
ウガイ！

特別に難しいことではないので、毎日の保育の中で、きちんと継続していくことが大切ですね。かぜの予防のためにも習慣づけましょう。

3

子どもの生活習慣を支える保育者の役割

清潔・衛生

11

清潔への意識も促す、保育者の適切な援助

キーワード・ヒント

清潔の習慣

歩行が安定したら手洗いを始めましょう。うがいも冬だけの1コマでなくみんなでいっしょにすることの楽しさがでてきたら続けたいですね。

なるほど！

体をいつもきれいにしておくと気持ちのいいことを、乳・幼児期から感覚や意識として育てたいですね。家庭でこまめに体の清潔ケアをしていることが望ましいのですが、園で、その手助けが必要なこともあります。基本は家庭なので、保護者への協力を呼びかけながら進めていきましょう。

実践！ 納得！ 大丈夫！

お知らせなどで定期的に呼びかけを！

つめを伸ばしたまま園に来る子どもがいます。つめの間に汚れがたまって不衛生です。また、友達と遊んでいるときに、つめで引っかいてしまうこともあるので、安全面からも注意をしなければなりません。

つめに限らず、体の清潔ケアを家庭でしておくことの重要性を伝えるために、お知らせなどで定期的に呼びかけて、清潔への意識を高めていきましょう。

●体の清潔ケア、何を、どこをチェック？●

＊鼻汁＊

鼻汁をずるずる…。ウィルス感染に気を配ります。「チーン」と、かませたり、できないときはふいてあげましょう。

＊よだれ＊

食事時のよだれや、乳児で歯の生えはじめたころは、よだれがよく出ます。ほっておくとただれや湿しんの原因になるので、ふいてあげましょう。

＊汗＊

夏場はもちろん、活動の後は汗をいっぱいかきます。こまめに汗を拭くように促し、習慣づけましょう。また、着替えることも必要です。

＊手＊

手洗いの習慣は、戸外遊びや食事前に限らず、活動で必要があるごとに促します。家庭でも習慣づけるようにお願いしましょう。

＊髪＊

女の子に多い長い髪は、いつも清潔な状態にきちっとまとめるように保護者に伝えましょう。前髪も、目に入らないくらいに。

子どもを清潔にしてあげられるのは、周りの大人の援助があってこそ成り立つことを忘れずにいましょう。

保護者もいっしょに

●保護者に用意してもらうもの●

子どもの清潔・衛生については、園で過ごすようすも伝えて、保護者に知っていただきます。個々に必要な物を準備してもらうなど、協力をお願いしましょう。

応援メッセージ！ 忙しい保護者をフォロー

仕事、家事、育児と、保護者も毎日忙しく、お願いしてもなかなかできないこともあるでしょう。園でできるお手伝いやフォローをしてあげるといいですね。

3 子どもの生活習慣を支える保育者の役割

⑫ 衣服の着脱

保育者の援助と保護者協力へ

キーワード・ヒント

衣服の着替え
バンザイと両手を挙げて指示に従える1歳前後から、ジブンデやりたがる2歳児まで着替えは清潔の習慣作りだけでなく保育の切り替えにもなる大切な活動です。

なるほど！

汗をかいた服やおしっこでぬれたズボンを自分で脱ごうとするのは、快・不快の感覚や意識からです。実際、自分ではまだできない子どもには、やろうとする気持ちにそって手助けをしてあげましょう。もうひと息を援助することで、「できた！」を実感させて自立へ！　家庭との連携はさらに効果を上げますよ。

実践！ 納得！ 大丈夫！

●やる気を大切にして進めよう●

着脱を見守るには根気がいります。時間もかかるし、ちゃんと着られないもどかしさに、つい全部やってしまいたくなりますね。でも、それでは自立への道が遠のいてしまいます。やろうとする意欲を大切にしながら手伝いましょう。一部分ができたことでも、子どもは大満足しますよ。

●やる気をちょこっとお手伝い！●

＊こそっとなおす＊

うん
うん
チッチ～
自分で脱げるようになったな～♡

＊いっしょによいしょっ！＊

ヨイショッ!
がんばれ～!!

上着を脱ぎきる。ズボンをきちんと腰まで上げきる。といった完了まではなかなか…。そんなときは、状況に合わせて、難しいポイントの箇所をやりやすくする工夫や励ましで「できた！」をフォローしてあげましょう。

保護者もいっしょに

●季節や成長に合った衣服の準備を！●

半袖・長袖
脱ぎ着がしやすい
ボタンがけができるようになったら

●アイテムやパーツの工夫でやる気を上げて！●

ウサギさんが前にくるようにはいてね
なるほど。
ウン
ママ
後
前

服の一部や、帽子、靴といった衣服に関連するアイテムに、ちょっとした工夫や楽しいアイデアを施してあげると、子どものやる気もアップします。

自分で着脱をしようとする意欲が見られたら、なるべく着やすい衣服を用意して応援してあげたいですね。これは家庭との連携が必要なので、お知らせや連絡帳で保護者に伝えて理解を促しましょう。

応援メッセージ　わたしは、ガンバレ応援団！

もうちょっと!
やればできる!
ファイト!!
がんばれ～!

「やってみるんだ？」「わー、もうちょっと！」といった励ましの言葉を、どんどん言って応援する。そしてちょっとお手伝い、という姿勢でいましょう。

衣服の着脱

⑬ ひとりでできるようになる、コツやアイデア

キーワード・ヒント

着脱への援助
最初は歌に合わせるなど保育者もいっしょにリズムに乗る方法で援助。やがて衣服を置いて両手両足を通すなどテクニックの工夫をして挑戦欲を高めましょう。

なるほど！

実際、自分ででき始めるようになるのは 2 歳前後くらいからです。発達と大きくかかわってきますので、まだまだきちんとした形にはなりませんが、動作を進めるときの手順やコツをひとつひとつていねいに教えてあげると、自立がグンと促されます。

デキタ！
ピョン
ピョン
カンペキ
ぐちゃ
よ～し!! ひとつひとつ クリアしていこうね！

実践！ 納得！ 大丈夫！

●上着を着やすく！　手順やコツ●

1
お顔でて きたね～
バー
2
おてて トンネルさん くぐれるかな～？
もぞ
もぞ
もぞ
ずれないように下をもつ
3
でてきた～！
4
完成！
イエ～イ！

●難しいボタンにチャレンジ！　手順やコツ●

ボタンの掛け違いにならないように、一番上のボタンは掛けてあげましょう。子どもの目線に入りやすいので、上から2つ目、3つ目からチャレンジさせてみましょう。
先生の手
半分だけ出す
あっくんボタンさんもって
あっちにひっぱって！
お!! でてきた
イエ～イ!! 2つ目いくよ！
ハーイ

●しっかり腰までズボン！　手順やコツ●

ヨイショ
ヨイショ
両手で前を引っぱるので
メロ@
ココがポイント
おしりのところがひっかかる
手の位置を後ろにする
後ろだけお手伝い

●はけたよパンツ！　手順やコツ●

きちんと足がでたら
たっちして
ひっぱれ!!
できた～

●靴下もほら！　手順やコツ●

先生の手
縮める
先を入れてあげる
ひっぱれ！がんばれ
スーッ！
イエ～イ!!

応援メッセージ　「できたね！」まぶしいです！うれしいです！

少しずつがんばっていこうね！

自分でできた誇らしげな子どもを見ると感激ですよね。できたことをいっぱい喜んで、いっぱい褒めてください。

3 子どもの生活習慣を支える保育者の役割

睡眠

14 なかなか寝付けない子どもには？

キーワード・ヒント

睡眠

眠りは食事・遊びとも関連する生活の基本。添い寝、子守唄など就寝の決まりごとを作りましょう。トントンのリズムと強さも個人差に合わせてしましょう。

なるほど！

お昼寝のとき、寝付きのいい子どもばかりではありません。眠りに入る前にその子なりの段階があって、もぞもぞ、ごそごそした後に、コトンと寝入ってしまう子など、さまざまな眠りへの傾向があります。しかし、どうしても寝付けない子どもにはきちんとした対応を考えていきましょう。

たえちゃんは 横向きで指しゃぶりして寝つくな
ちゅっ
ちゅっ
かいとくんは 頭をなでてあげると 寝つくな
トン トン
かなちゃんは お腹の上を トントンすると 寝つきやすいな
ふむ
ふむ
はやとくんは 耳を触ると 安心するな

実践！ 納得！ 大丈夫！

なぜ眠れないかを見極める

＊おなかが痛い！＊

ウンチが 出たのね！

＊熱っぽい！＊

お熱 かな？

＊コワイ夢？ ただ機嫌が悪い？＊

機嫌悪いな

いつも寝付きのいいのに眠れない子が問題です。何か理由があるので見極めて、その原因を確かめましょう。気分の場合は、そのうち寝つくでしょうが、体の異変などは対応が必要となります。看護師さんと相談しましょう。

●眠りの環境は大丈夫？●

＊ほどよい暗さで！＊

あまり真っ暗すぎても、圧迫感や不安を招きます。カーテンの種類や灯り調整などで工夫を。

＊音楽効果も！＊

小さな音量で心地良い音楽を流します。自然界の音やオルゴール曲などでリラックスさせるのもいいですね。

＊温度調整を！＊

室温は大丈夫ですか？　暑すぎても寒すぎても寝つけないものです。また、場所による偏りのないように確認しましょう。

眠りには静かな落ち着いた環境が必要です。さまざまな実情があるでしょうが、雰囲気だけでも、質を考えた環境を整えるようにしましょう。

●どうしても寝付けない子どもには…！●

どうしても眠れないときは、１対１でかかわると安心して眠れることもあります。周りの子どもの睡眠を妨げないように配慮しながら、気分転換をさせてあげるのもいいですね。

●保護者に聞いておこう！●

ぐずったり機嫌がよくないときに、どんなことをすると喜んだり安心するのかを保護者に聞いて、参考にしておくといいですね。

応援メッセージ　「寝るまで見ててあげる！」って寄り添おう！

お昼寝の習慣も、時にはリズムが崩れることもあります。そんなときもあることを理解して、何が何でも寝かしつけるものと思わないでおきましょう。

3 子どもの生活習慣を支える保育者の役割

睡眠

15 お昼寝のとき騒ぐのは？

キーワード・ヒント

活動と休息

タフで元気な２歳児も生活のメリハリが正しいリズムにつながります。体力には個人差があるので、午睡に入りにくい子には絵本やお絵かきなど静かな活動を。

なるほど！

お昼寝へ誘う音楽を流したり、室温を調整したり、周囲の環境も整っているのに、なぜか騒がしいときがあります。そんなときは、全体の雰囲気がお昼寝モードに入っていなくて、精神的に気持ちが高ぶっているのかもしれませんね。午前中の活動が影響したのか、眠る体勢に入れていない原因を考えてみましょう。

実践！ 納得！ 大丈夫！

●寝る前には、おだやかなお話しや、ことばがけを●

お昼寝の前には気持ちが静まるお話しや紙芝居もいいでしょう。ほっとする内容のものを選びましょう。１か所に集まり、物語を聞くだけでも落ち着きのモードになりますね。また、「お昼寝の後にいいことが待っているよ」などのことばがけをすることも、子どもが納得して眠ろうと思う動機づけになるかもしれませんね。

●午前中の活動は十分でしたか？●

午前中に十分体を動かして遊べているかも見直してみましょう。エネルギーが発散されずストレスとなっているのかもしれませんね。体をしっかり動かして、しっかり気も休めるという活動のメリハリも大切です。雨の日が続く場合には、室内でもたくさん体を動かす遊びを工夫するといいですね。

●それでも騒ぐ子は？●

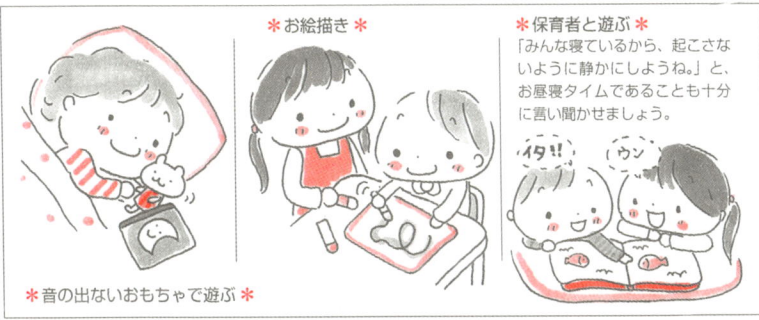

＊音の出ないおもちゃで遊ぶ＊

＊お絵描き＊

＊保育者と遊ぶ＊

「みんな寝ているから、起こさないように静かにしようね。」と、お昼寝タイムであることも十分に言い聞かせましょう。

わがままで起き出すのではなく、1時間のお昼寝でも十分に足りる子どももいます。後の時間を、我慢して静かでいることは確かに苦痛ですね。泣いたり騒いだりするのはそのためで、そんな子には無理に寝かそうとせず、部屋のコーナーで静かに遊ばせてはどうでしょう。

●こんな子どももいます。理解を！●

ある種の睡眠障害で、突然起き出して歩き回る子どもや、叫ぶ子がいますが、大きくなるにつれておさまると言われています。家庭や看護師さんとの連携で慎重な対応を。

応援メッセージ！「先生といっしょに寝ようね！」と安心感を！

園生活のリズムに慣れてくると、少しずつ眠れるようになってきます。眠れなくても、布団に横になっているだけでも体は休まります。保育者は、静かに、安心感のある雰囲気を作ってあげましょう。

嗚呼! 新任保育者 4コマColumn その4

しゃべれなくても
あ〜ん
モグ モグ
おいち〜ね♥
くれるの?
ありがと〜
ぎゅ
やさしいね〜

言葉が話せなくても、気持ちを伝えてくれる。とてもうれしいですね。

マイペースくんと おふざけくん
もた
ハッ ハッハ〜
もた
もた
イラ イラ
トイレの後に必ず残るふたり
しかって雰囲気を悪くしたくないし
全部やってあげるのも…
はっ!
遊んでしまえばどうだろう?
おお!! ムシムシくんだ!
オオッ
キタ!
パンツはかないのは誰だ〜〜
イソゲ イソゲ!
キャ〜
ハヤク ハカナキャ!

ときには楽しく、おふざけもいいですね。

4章

保育者としての責任感

保育者には、日々の子どもとのかかわりのほか、やるべきことがたくさんあります。保護者との信頼関係を築くことも大切な仕事のひとつです。子どもの命を預かる職業として、さまざまな環境への配慮もしながら、かけがえのない1日を過ごして明日につなげましょう。

4-1

保育者としての責任感

子どもが安心できる、保育者と保護者との信頼関係とは？

キーワード・ヒント

保護者との信頼関係

一朝一夕にはできないけれど一歩ずつ。信頼度を増していきましょう。保護者の気持ちを理解することが大きな第一歩です。

なるほど！

かけがえのない子どもを園に預ける保護者の目からは、新任保育者でもりっぱな先生です。経験の浅い保育技術はこれからどんどん身につけていくという意識で、まずは保護者とのよい関係を築きたいですね。「大切なお子さんをいっしょに育てていきましょう！」という姿勢を示しながら、日々のふれあいの場面から信頼を得る努力をしましょう！

実践！ 納得！ 大丈夫！

●新人と見られても覚悟のうえで！●

保護者からあからさまに言われたりしなくても、新任保育者は頼りなく感じられがちですね。今後を期待してもらえるよう、ゆっくり時間をかけて信頼関係を築いていきましょう。

注意 ●親しく接しても保護者は保護者！●

気さくで話しやすい保護者に出会うとホッとして、つい、友達感覚になりがちですが、立場をきちんとわきまえましょう。

大切な子どもを共に育てる気持ちで、お母さんを応援して！

仕事や子育ての疲れなどで元気のない保護者には、努めて明るく、積極的に話しかけてみましょう。子どもの元気なようすを話したり、いい面を褒めてあげてもいいですね。悩みがありそうなら、さりげなく聞いて、いっしょに考えるだけでも力になれるでしょう。「お母さん、いっしょにがんばりましょう！」の気持ちを伝えることが大切ですね。

いろんなタイプの保護者がいます

さまざまなタイプの保護者がいて、そのパワーに圧倒されることもありますね。タイプや個性で、一様にとらえることはできませんが、いろいろなタイプを知っているだけでも、対応に役だつこともあります。

応援メッセージ！　大好きな○○ちゃんの保護者なんだもの！

ある程度、保護者との相性もあると思います。でも、苦手意識を持たないようにしましょう。大好きな子どもの保護者なのですから、保育者としては、いつも笑顔で接して信頼関係を築く姿勢を示したいですね。登・降園時に声をかけるなど、自分から歩み寄って行きましょう。

保育者としての責任感

保護者と保育者の信頼関係を深める機会と手段

4-2

キーワード・ヒント

保護者との連絡

勤務がシフトでなかなか保護者に会えない場合は連絡帳や伝言メモでもいいのでマメに「伝えたい」姿勢を示し会う場を積極的につくることです。

なるほど！

子どもが毎日喜んで園に行くのは、楽しく遊べて、安心していられる場所だからです。そんな園のことや保育者のことを、もっと保護者に知ってもらいましょう。そして、信頼してもらえる機会をたくさん設けましょう。同時に、保護者、保育者の双方が、子どものそれぞれの生活や活動の場を理解するために、さまざまな手段を使っておおいに深めていきましょう。

連絡帳
おたより
ことばがけ

実践！ 納得！ 大丈夫！

●登・降園時は、コミュニケーションの絶好のチャンス！●

今日は朝から機嫌がいいです
今日はお散歩に行ってきました
そうなんですか〜
お花を見たりチョウチョウを目で追ったり
とっても楽しんでいましたよ

朝はゆっくり話せなくても、お迎えのときは、今日一日のできごとや子どものがんばりを話してあげると、保護者もうれしいですね。毎日のコミュニケーションを重ねていく中で、保護者から学ぶこともたくさんあります。短時間でも直接話せる機会を見つけて続けていくことは、保護者とのかかわりを深めていくことになるでしょう。

●保育参観や行事への参加は楽しく促そう！●

当日どんなことをするのか、わが子のようすを見てみたい！　と思ってもらえるような期待感のあふれたお便りを発信して、たくさんの保護者に来ていただきましょう。

●懇談会でも、子どもは主役！●

保護者に伝えることはたくさんありますが、堅苦しくならないようにしましょう。楽しい雰囲気のなかで、子どもたちの園での元気なようすを伝えましょう。

●～お便り・連絡帳で～●

＊お便り（保護者の関心を満たす楽しい内容で！）＊

園の行事や予定などを、知らせる目的で利用しますが、共通の情報にプラスアルファしたものやクラス独自のものを発行して、楽しい園生活をアピールしてみては？

＊連絡帳（連絡の内容は同じでも、1対1の対応を！）＊

持ち物の連絡やお知らせに使うだけでなく、園での子どものようすを保護者に伝えて、楽しいことやがんばったことなどを共有する手段としても活用しましょう。日々のやりとりのなかで、ゆっくり信頼関係を築いていきましょう。

応援メッセージ！　大事な子どもをはさんで、いつでも支えになりたいです！

「どんなことがあっても、お母さんの支えになり、いつでも協力していきますよ」という気持ちを伝えていけば、保護者も安心して子どもを預けてくれますね。

4-3

保育者としての責任感

一日一日の保育を、充実させるために

キーワード・ヒント

保育の充実
子どもの成長の見通しを持った保育課程を基に指導計画をたてます。愛着や生活習慣、さらに同年齢との体験など年長児になった時の姿を浮かべてたてましょう。

なるほど！

はじめて子どもたちと出会ってから、春、夏、秋、冬と毎日が過ぎ、慌ただしくすぎる時間の中でも、子どもたちが心身共に成長してきたことを実感します。同じ日は一日もありませんね。来年もまた、同じ顔ぶれとは限りません。今日の保育を大切にし、それを明日、明後日へとつないで充実させていきましょう。

実践！ 納得！ 大丈夫！

●保育の土台、指導計画をしっかりと！●

毎日の保育を充実させるために、指導計画（年間指導計画、月間指導計画、週案、日案など）をきちんとたてることも、保育者の仕事です。そのためには、子どもひとりひとりの姿をとらえることが大切。一日の終わりに、保育日誌や記録をつけ、実践したことを振り返り、反省・評価をして次の保育につなげましょう。

●活動を充実させよう！●

子どもが、園に行くのを楽しみにするような活動とは？　また、楽しいだけでなく、その中で、新しい発見や驚きに出会える、そんな経験のできる計画にしたいですね。季節を考え、子どもの興味や関心に沿って、次の活動にもつながっていくような…。その計画には、保育者の工夫やアイデアをたくさん取り入れていきましょう。

●子どもの成長を確かめながら…●

子どもは毎日すくすく成長しています。身体的な成長はもちろん、運動面、情緒面、友達とのかかわり方など、子どもの成長を日々確かめていきましょう。その中で、今何が必要なのか？　どんな保育をすればいいのかも見えてくるのではないでしょうか。

保護者もいっしょに

●成長の喜びをわかち合おう！●

子どもの成長を保護者と共に喜び、共有できるのはすばらしいことです。日ごろ見ることのできない園でのようすを、機会あるごとに伝えていきましょう。

応援メッセージ　毎日が、かけがえのない日々です！

今、この時は二度と戻りません。そう思えば、毎日を充実して過ごせそうですね。子どもたちとの関係や保育も同じです。保育者がしてあげられることを精いっぱい保育に取り入れ、充実した日々を過ごしましょう。

4

保育者としての責任感

4 子どもが過ごしやすい室内環境を整えよう！

キーワード・ヒント

環境作り

０・１・２歳児にとって室内はほっとひと息つける空間です。広すぎず片隅に工夫を凝らしできれば食べる—寝る—遊ぶ場を別々に作れるといいですね。

なるほど！

子どもたちが園での生活を安心して過ごせるように、保育者は毎日、室内の衛生面や安全面、そのほかさまざまな環境に気を配る必要があります。保育開始前、帰り際などの確認はもちろん、個々の活動準備やあとかたづけ、保育中全般においても常に注意を払い、清潔で、安全で、快適な室内環境を整えていきましょう。

実践！ 納得！ 大丈夫！

●室温・湿度・換気を、常に心がけて●

よどんだ空気は健康によくありません。朝一番に空気の入れ替えをしましょう！　一日の中でも定期的に換気をして、保育室内を常に新鮮に保ちましょう。また、室温、湿度の調整も大切な環境作りです。特に冬場の乾燥は、肌の弱い低年齢児にはダメージとなり、のどにもよくありません。かぜ予防のためにも加湿器を利用するなど、空気の乾燥を防ぎましょう。

●清潔を保ちましょう●

床につけた手足をなめたり、おもちゃを口にくわえたりする低年齢児にとって、衛生面では特に注意を払わなければなりません。こまめに室内掃除をし、清潔・衛生を保つように心がけます。おもちゃの消毒や手足をいつもきれいにしておくことも怠らないようにしましょう。

●行動範囲が広がる子どもの安全に配慮を！●

室内はちらかっていませんか？　好奇心旺盛で、動き回る子どもたちにとって乱雑な保育室では、事故やけがを招きかねません。常に整理整とんを心がけましょう。危険なものは手の届かない所へ。特に低年齢児へは、机や備品類の角をカバーするなどの配慮もしましょう。

●温かい雰囲気づくりも環境●

保育室の雰囲気を考えるのも環境を整えるひとつです。室内を落ち着いた感じにしたり、温かい雰囲気に飾ったり…。今ある状況にひと工夫をします。また、おもちゃや絵本も、子どもの成長や季節の節目に応じて見直してみてはどうでしょう。

応援メッセージ！　**安心・快適！　見回り、整え隊！**

保育者の毎日の心がけが子どもの安心・快適の場所を作ります。子どもが楽しく遊びに没頭し、笑顔でいられるように、保育の側面からもフォローをしましょう。

保育者としての責任感

5

自分を「先生」にしてくれるのは、子どもたちです

キーワード・ヒント

子どもから教わること

「せんせい！」と初めて呼ばれたときの緊張感、覚えていますか？　いっしょに喜び、悲しみも悔しさも共感することを教えてあなたを先生にしてくれるのは子どもたち。

なるほど！

「学校で学んできた保育」から「現場での保育」へ。実践の重みをひしひしと受け止めていることでしょう。経験の浅い保育者にとって覚えることも学ぶこともこれからです。日々をいきいき活動する子どもたちから教えてもらうことはたくさんあります。子どもたちとともに成長する気持ちで、いっぱい吸収し学んでいきましょう。

実践！ 納得！ 大丈夫！

●子どもの成長を見て、保育者も次のステップへ●

こんなことも
できるように
なったんだ〜
次は
こんなことが
できるかな？
せいさく

ひとりひとりの子どもの発達・成長をしっかり見て把握しましょう。ひとりの子どもの成果を、次のステップへ踏めるように考えるのは、保育者にとっても大きな成長につながります。

●子どもをもっと知ろう！●

＊視線の先には…？＊

1
ごろん
赤ちゃんの視線の先には？　その子と同じ体勢になってみると…。
2
天井しか見えなくてつまんないね〜
ン〜
壁面より天井に視線が行き、関心が向けられますね。
3
これでどうかな？
風で揺れるようなものを天井につるしてみると…。
4
ナッ
ダッ
みてるみてる
自分もユラユラしながら、よく見るようになりました。

＊子どもの高さに合わせて＊

センセアノネ！
な〜に？

子どもに話しかけるときは、立ったままで見下ろすのではなく、目線に合わせた体勢を取る習慣をつけましょう。

＊子どもの目線、子どもの世界＊

センセアッタ！
キノコよくみつけたね

子どもの世界は大人よりうんと低い位置にあることを忘れないように。日々発見、探検ですよ。

応援メッセージ！　保育者は、子どもの数だけ大きく育つ！

クラスの子どもたちに寄り添って、保育者もさまざまな経験を重ねていきます。いっしょに成長する喜びと、子どもから得ることは大きいですね。

嗚呼! 新任保育者4コマColumn その5

スマイル
すみませ～ん お迎え遅く なりました～
ニコッ
おかえりなさ～い
ふ～っ
仕事 忙しかった な～
あいちゃ～ん ママお迎え きたよ～
先生はいつも 元気だな～
ママ～!
オカエリナサ～イ♡
ただいま～♡ いい子にしてた～?
ウン! キョウネ～

毎日の積み重ね
どうにか あのお母さんと つながりたい!!
登園時 降園時を 機会に
連絡帳
毎日 かかわり…
ある日
先生が 教えてくれた こと、とても役に たっています。
ありがとう ございます!!
よかった 少しずつ 気持ちが 伝わってる
じ～ん

お仕事の顔からママの顔に変わる瞬間です。子どもの笑顔で疲れはふっとびますね。

思いが通じたときの喜びは、何ものにもかえがたいですね。

5章

園の職員の1人、社会人として

１年目から保育のプロとして任される保育者は、園の外でも立派な社会人です。保育者として、社会人として、常識やマナーを身につけておくことは基本です。また、人間関係を大切にすることは、内も外も同じ。周囲への気配りをしながら行動しましょう。

5-1

園の職員の1人、社会人として

保育者は日々成長！ また、魅力ある社会人です

キーワード・ヒント

保育のプロ・専門職として

保育者は子ども一人ひとりの気持ちを理解し、愛情あるかかわりを通して子どもの言動を点ではなく線で、そして面で捉えながらその成長を支える仕事です。

なるほど！

『先生！』と初めて呼ばれた日のうれしさや誇らしさと同時に、責任の重さをひしひし感じたことでしょう。新任保育者も、子どもや保護者にとっては立派な先生なのです。しっかりと自覚して出発しましょう。子どもとの日々の生活で保育者もまた成長していきます。そして、社会人としての自覚を持った魅力ある人でいたいですね。

えがお
明るく
元気に
素直に
やさしく
思ぃやり
楽しく
自分らしく

実践！ 納得！ 大丈夫！

健康管理がまず第一！

体力勝負!!

子どもを抱き上げたり走ったり、保育者は体力・忍耐力のいる職業です。保育者が体調不良だと保育がスムーズに進みません。健康に気をつけて、体力維持に努めましょう。

社会人としての自覚や責任感は？

ギョッ
12
9
3
6
ち．ちこくだ!!

保育者以前に社会人としての自覚やモラルは大丈夫ですか？　欠勤、遅刻・早退時の連絡や引き継ぎ、活動報告などができていますか？　責任を持ちましょう。

●元気パワーの発信者で！●

＊元気チェック3ポイント＊

ニコ ニコ

いつもステキな笑顔でいますか？

いつも大きな元気な声が出ていますか？

いつも子どもと楽しく接していますか？

子どもたちは、元気で楽しいことが大好きです。保育者が元気で楽しいことを発信し、展開していくのです。その3つのポイントを押さえておきましょう。

●言葉づかいに気をつけよう！●

園長先生がおっしゃっていました

職員間や保護者との会話、電話の応対など、言葉づかいは、人間関係に大きくかかわります。特に、目上の人と話すときは、きちんとした言葉づかいをしましょう。

●日々成長する自分で！●

ふむ ふむ
なるほど！
あそび

子どもと接して学び、先輩保育者に学び、新任保育者は日々成長します。さらに専門性を高める保育の勉強をするなど、自分を磨く努力をしていきましょう。

●保護者とのよい関係を築こう！●

いろんな保護者の対応に悩みますね。親し過ぎたり、事務的だったりするのもどうでしょう。特定の保護者ばかりにかかわるのではなく、どの保護者にも、ほどよい距離感でいるようにしましょう。

●何事にも積極的に取り組もう！●

先輩 もう一度チャレンジしてもいいですか!?
いいよ！がんばって！

わからないことやとまどいはあって当然です。できることは率先してやらせてもらい積極的に取り組んでいきましょう。失敗しても、先輩保育者や園全体が守ってくれるので大丈夫！

応援メッセージ！ がんばるあなたを、子どもは見ています！

私って保育者にむいてないかも‥
ど〜〜ん
大丈夫！がんばれ！スマイル スマイル！

失敗しても覚えが遅くても、努力している姿は、だれの目から見てもわかります。一生懸命を出し切るあなたを、子どもだって見ていますよ。

5 ②

園の職員の１人、社会人として

保育者らしい身だしなみを、心がけよう！

キーワード・ヒント

保育者の姿

生活者のモデルでもある保育者はＴＰＯに応じた服装と身だしなみが大切です。身だしなみは姿勢や態度も変えるから不思議。保護者対応にも活かせます。

なるほど！

保育者として動きやすく、働きやすい服装を心がけていますか？　服装だけではなく、低年齢児の子どもとのふれあいを考えて、安全面や清潔面に配慮した身なりをしていますか？　また、保護者と接する一社会人としての立場からも身だしなみを考え、メイクを薄めにしたり、香水は控えたりするといったマナーの基本を押さえ、印象をよくしておきましょう。

まて
まて〜!!
スッキリ
おはよう
ございます!
ニコ
ニコ

実践！ 納得！ 大丈夫！

子どもへの影響・安全を一番に考えよう

ごめんね!
ピアスなどは、思いがけないけがに…
イタイ!

低年齢児を受け持つと、特にスキンシップのときに直接肌に触れることがあります。つめを短く切る、アクセサリーは外す、髪の毛を束ねる、などは基本ですね。個性も保育現場にふさわしいものを考え、はですぎたり不潔な印象を与えたりするスタイルは慎みましょう。

●機能性プラス遊び心の工夫があれば！●

基本はシンプルで活動的な服になるでしょう。 その中に遊び心をプラスすると個性も輝きますね。例えば、トレーナーやエプロンに隠しポケットがあると、中からかわいいアイテムを出したり、パペットが用意されていたりすると、楽しい遊びにも発展！

●着替えを準備して、思いっきり！●

汚れることが多い職場です。着替えがないと、子どもとのかかわりも、つい手加減気味になりますね。存分に子どもと遊ぶためにも、Ｔシャツやパンツのスペアを！

●メイクも身だしなみのひとつ●

最低限のメイクは、身だしなみの基本です。元気な印象を与える明るめのもので、ナチュラルメイクがいいですね。香水は避けましょう。

●園から外へ出ても、気を配ろう●

研修会には園の代表で学びに行くという意識を持ってきちんとした服装を心がけます。通勤のときも、園の先生として見られている自覚を持って、身だしなみを意識しましょう。

応援メッセージ！ 印象は大切！ いつもきりっと、きらっと！

外見は内面まで影響します。身だしなみをきちんとしておくと、考えや行動も前に向いて行くものです。カジュアルな服でも清潔感のあるものを選びます。子どもと接することが仕事であることを忘れずにいましょう。

園の職員の１人、社会人として

保育者は、いつでもどこでも気づきの構えで！

5-3

キーワード・ヒント

周りをみる目

保育者は生活者のモデルでもあります。感性豊かな視点で周囲を見渡せば発見はいつでもあなたのもの。季節や保育室内外そして人間関係。心の目で周りを見て。

なるほど！

保育の仕事では、さまざまなことが起こります。事前の準備や当日の確認など十分に行なったつもりでも、予想外のハプニングは起きるもの。子どもの命を預かる職業です。心構えとして、いつでもどこでも気を配って、気づきの態勢でいることが大事ですね。

まわりを よく見て
動いて 覚えよう！
次はお昼寝の 準備
ササッ
もうすぐ お迎えだから 上着もきとこうね～
ネ～

実践！ 納得！ 大丈夫！

危険を回避しよう！

＊０歳児＊

顔にかから ないように…
ささ…

＊１歳児＊

＊２歳児＊

危ないから 手つなご！
ヤダ
下まで いっしょに行こう

乳幼児保育には危険な場面がたくさんあります。子どもの発達や環境についても配慮し、一歩も二歩も先を予測して危険に気づき、対応していきましょう。

生活や活動の流れを頭に入れておこう！

登園
健康状態チェック
遊び
手洗い・うがい
タオル
食事
エプロン
お昼寝
パジャマ
遊び
画用紙
クレヨン
新聞紙
降園
今日のようすを伝えよう
準備することは…

遊びに必要なものは？　準備はこれ、展開はこうなる…。と、流れを把握しておきます。それでも予想外はありますが、把握ができていれば何かあったときの対応にも慌てずに済みますね。

注意 ハリキリすぎや、独走して突き進むのは…

あれも これも
どれも これも
やらなくちゃ〜〜!!
まず自分の仕事をしてね

まわりに対して気づくことはよいことですが、自分のやるべき事を、おろそかにしてまでするのはどうでしょう。担任同士でも役割分担があるので、まずは自分のしごとをこなして、手伝う内容や、優先すべきことを聞いてから始めましょう。

応援メッセージ 気づきは徐々に！　で、大丈夫！

私ってすっごく気がきかないかも…
うまく動けないよ…

子どもの行動を予測したり、周りの必要を察して動くことが、保育者にはとても大切です。常に意識していきましょう。自分は気が利かないと悲観しなくても大丈夫です。保育をする中で、少しずつ気づいていけるといいですね。

5-4

園の職員の１人、社会人として

保育者同士のかかわりや連携を大切に！

キーワード・ヒント

保育者の連携

さまざまな見方や思いを通して保育観が鍛えられます。子どもに対して誠意ある対応を共有する努力も大切。コミュニケーションをこまめに取ることでパワーＵＰ！

なるほど！

保育者は子どもたちの命を預かる責任ある職業です。新任でもベテランになっても保育に独走は禁物。よりよい保育環境や活動を目指して協力し、支え合っていかなければなりません。信頼の連帯があればこそ、保護者も安心して子どもを預けることができますね。

実践！ 納得！ 大丈夫！

担任パートナーとの連携を！

クラスの状況を異なる視点で見ることで、お互いに評価・アドバイスができます。また、困ったことへの対処も協力し合えます。

強力なチーム態勢で！

低年歳児クラスの場合は特に、複数の担任と看護師、栄養士とのかかわりをもちながら、保育環境・活動の万全を図りたいですね。

●連携しながら自分の役割を果たそう！●

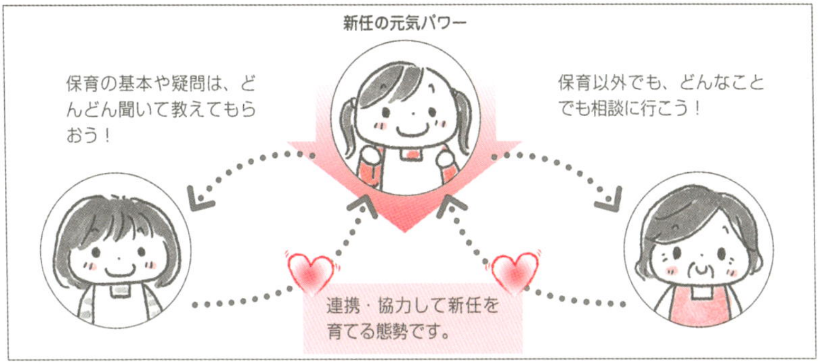
新任の元気パワー
保育の基本や疑問は、どんどん聞いて教えてもらおう！
保育以外でも、どんなことでも相談に行こう！
連携・協力して新任を育てる態勢です。

先輩保育者は長年の経験を活かした安心の保育で保護者の信頼を得ることができます。新任は、純粋で素直な気持ちで子どもと接することができます。それぞれのよさを活かして連携しながら、クラス一丸となってチーム力を発揮することも必要です。

●先輩は、身近なお手本●

キャッ
キャッ
さっきまで泣いてたのに…

経験を積んだ先輩保育者に保育の基本を学びましょう。わからない点はおおいに聞くことです。そして、子どもへの接し方や対処の仕方など、先輩をお手本として自分の保育に取り入れてみましょう。

●人生の大先輩に学ぼう！●

わからないことはなんでも聞いてね！
はい
ホッ…

主任や園長は保育の大ベテランですが、保育者の立場を超えても心強い味方になってもらえますよ。人生の先輩に学ぶ気持ちで、時には悩み事や困ったことの相談も思い切って打ち明けてみてはどうでしょう。

応援メッセージ！ 園全体のフォローがあるから大丈夫！

よし！がんばるぞ～!!
ムンッ
そのいきよっ！
がんばれ！
園長先生
先輩保育者

担任を持った新任保育者は、不安や緊張の中でも、子どもたちや保護者の期待に添うように大ハリキリの姿勢でいましょう。でも、何か問題が起こったときは、ひとりで悩みを抱えたり進めたりせず、必ず先輩や主任の先生に相談をしましょう。園全体で対処しなければならないこともあるので、あくまでも、園の一員である自覚を持ちましょう！

5

園の職員の1人、社会人として

先輩保育者の、ステキな保育を見習おう！

キーワード・ヒント

保育の資質向上
チームワークと保育観を磨くため園内研修は欠かせないと思います。「気になる子」「離乳食」などテーマを決めて先輩の話を聞くことから始めましょう。

なるほど！

複数担任の場合、先輩保育者は新任にとって一番身近なお手本になります。日常の保育はもちろん、保護者や園の職員に対しての接し方においても、学ぶべき点がいっぱいあるはず。担任以外でも尊敬できる先輩を見つけたら、一挙一動を見逃さない気持ちで、見て、学んで、吸収していきましょう。

実践！ 納得！ 大丈夫！

保護者への対応も見習おう

コミュニケーションの取り方も、先輩保育者を見て勉強になることも多いはずです。やり方は1通りではありませんが、いいところを見つけて見習いましょう。

保育室環境も参考にさせてもらおう

保育室の飾り付けだけではなく、整理・整とん、収納など、室内環境を快適にする工夫も先輩の例を参考にしたいですね。お願いして見せてもらうといいですね。

先輩の保育の１日を、まねてみよう！

予測できない子どもの要求や難題を次々こなす先輩保育者。仕事の速さ、むだのない動き、気づきに満ちた行動力、どれをとってもすばらしいですね。「自分もいつかは…」と決意しますが自信なく、不安で何をしていいかわからず迷います。そんなときは、まず、まねてみましょう。すると、個々の行程や対応がわかってきます。まねながら進めるうちに、違った解決法やアレンジすることを学び、徐々に自分のやり方が見つかるようになるでしょう。

学ぶ機会をみずからも積極的に作ろう！

自分自身の保育をより高めるために、研修会や、他園での公開保育も積極的に参加しましょう。先輩の経験やアドバイスもよく聞き入れたうえで、学ぶ機会を自分でつくっていくことも大切ですね。

応援メッセージ ステキな保育者を目指して！

どんな保育者も最初はみな新米。今はできなくても焦らずにいきましょう。先輩を見習いながら、自分の長所に目を向けてしっかり育てます。苦手なことはコツコツと努力して、少しずつ前進していきましょう。

5-6

園の職員の1人、社会人として

迷ったり、悩んだりしたときは、まず相談を！

キーワード・ヒント

報・連・相

だれでも最初はわからないことばかりで、聞く側の受け止め方もずれることもあります。子どもたちはみんなで育てるからこそ報告・連絡・相談はきめ細やかに。

なるほど！

慣れることや覚えることで精いっぱいのスタート時から、そろそろ仕事への具体的な悩みにぶつかることが増えてきたのでは？　意欲的な保育者ほどたくさんの疑問を抱えます。保育の進行、子どもや保護者との関係など…。わからないことや悩んでいることをそのままにしないで、まずはだれかに話してみましょう。

うーん..
あのときは私はどの仕事を先にすればよかったかな？
新任だからって目で見る保護者とどう接すればいいのかな？
あの子とかかわるにはどうすればいいのかな？
先輩にうまくお願いできるかな？

実践！ 納得！ 大丈夫！

●今の状況を仲間と話し合おう！●

こんなことがあってさ～
わかるわかる～私もだよ～！
私だったらこうするな～っ
なるほど～

同期の保育者がいればお互い話し合うことで共感し合えたり、気づかなかった問題点が見えて学び合えたりできますね。

●クラス担任の保育者に話してみよう！●

クラス間のことは担任同士で話し合いましょう。特に催しや行事のときなど、共通の決まり事があったりするので、迷ったときは新任の方から積極的に聞きだして、アドバイスや協力を得るとよいでしょう。

押さえておこう！

自分のことをうまく伝えられない低年齢児に対しては、発達や傾向をしっかり押さえておく必要があります。特に体や体調に関しては、わからないことやあいまいなままにしておくと大きな問題につながることもあります。ためらったり自己判断したりせずに、看護師や園医、園長に相談しましょう。

注意 ●質問は整理してから●

やみくもに質問しても、相手の時間を使い、しかも、的確なアドバイスは得られません。悩みや質問をきちんと整理してから相談しましょう。

応援メッセージ 何でも話せる人を味方に！

落ち込んだり悩むタイプの保育者は、聞いてもらえるだけでも気持ちが晴れて一歩前進します。信頼できて、何でも話せる人がいれば安心して勤められますね。

5 ⑦

園の職員の１人、社会人として

いっぱい失敗して、反省して、その積み重ねを！

キーワード・ヒント

計画と実践と反省

子どもの主体を大切にすれば、うまくいくときばかりでないのはあたりまえ。だからこそ反省は次へつながるステップです。計画—実践—反省の繰り返しが成長の証。

なるほど！

「失敗は成功のもと」まさにそのとおりです。ひとつの失敗にクヨクヨせずに、次は気をつけよう、違うやりかたにしてみよう、と反省し前向きな気持ちでいることが大切です。失敗したからこそ、次につながることも多いのです。反省して次にいかすことができる強い心を育てていきましょう。

実践！ 納得！ 大丈夫！

気持ちを切り替えて！

失敗して、慌てたり、パニックになったりでは、子どももとまどい、不安になります。気持ちを切り替えて、うまく対処して切り抜けましょう。子どもは先生の笑顔が大好きです。前向きな気持ちで次の行動へ。

子どもから学ぶことも

子どもから「先生、違ってるね！」と気づかされ、反省させられることも少なくありません。子どもの予想外の発想や展開には驚くばかりです。毎日たくさんのことを吸収し、成長している子どもからも、学ぶことはたくさんありますね。

●失敗は改善へのステップ！●

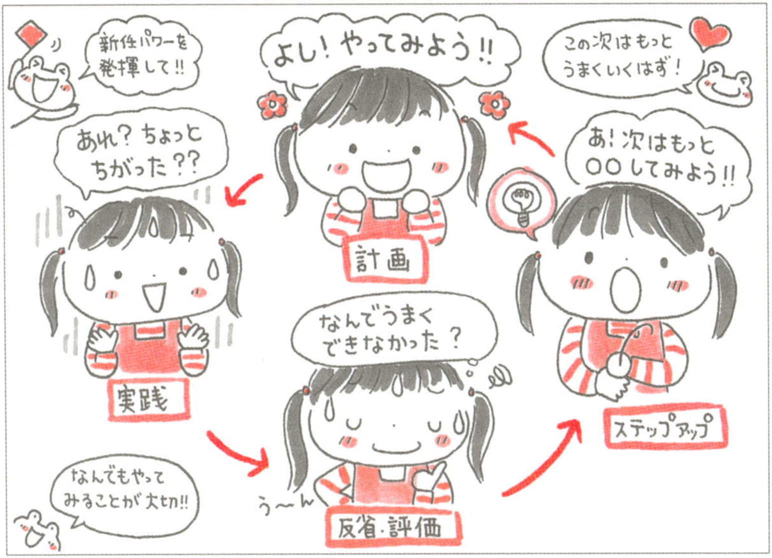
新任パワーを発揮して!!
よし！やってみよう!!
この次はもっとうまくいくはず！
あれ？ちょっとちがった??
計画
あ！次はもっと○○してみよう!!
実践
なんでうまくできなかった？
ステップアップ
なんでもやってみることが大切!!
う〜ん
反省・評価

新任の間は特に、計画どおりにいかないことを痛感するでしょう。一日の流れや子どもの姿や行動が、十分に把握しきれていないからです。予想が立たないので準備も不十分、そこから起こる失敗もたくさんあると思います。しかし、未熟な失敗は、経験を積む努力で前進していけますね。「なぜ？」と原因をきちんと見極め、「次はこうしよう！」と反省しながら改善につなげましょう。新しく知ろうとする姿勢、気づきの心がまえを習慣にして、その積み重ねをしていくことが経験になっていきます。

注意 ●素直に受け止め、反省！ 前進！●

私は絶対に悪くない!!
開きなおり〜

失敗したときにどう思うか、次にどうするかが問題です。「私は悪くない」「間違っていない」などと人の話を聞き入れないようでは保育者として未熟ですね。間違いや失敗は素直に受け止めましょう。そして、反省し、次へ前進！

応援メッセージ！「ドンマイ！」スピリッツ！

よし！もっとがんばろ!!
センセステキ

子どもにとっても、失敗にくじけず乗り切る姿を見せるのはすばらしいことではないでしょうか。失敗をするから大きく育つのです。「次は大丈夫！」とパワフルな気持ちで、どんどんチャレンジしていく、明るく強い保育者でいたいですね。

3-8

園の職員の1人、社会人として

いろんな先生がいて個性が輝く、それがいいですね

キーワード・ヒント

保育者の個性

さまざまな得意分野と豊かな人間性で子どもとの学びを深めていきましょう。オールマイティでなくてもいいけれど個性を言い訳にみずからの努力を惜しむのは×！

なるほど！

子どもたちひとりひとりが違うように、保育者もまたそれぞれに個性があり、みんな違います。得意なことは何だろう？　苦手なことは？　と、まず自分自身を知りましょう。そして、得意なことはさらに伸ばしていくと自信がわき、自分らしく輝くことができます。

実践！ 納得！ 大丈夫！

こんな自分が大好き！

いたらなかったりドジだったり、欠点だらけの自分であっても大好き！　ありのままの自分を認めましょう。そんな気持ちで、子どもも愛情を持って受け入れましょう。

素敵だな！ って思う保育者を見習おう

あこがれの先輩保育者を目標に、保育はもちろん、人間的ないい面もどんどん取り入れてみましょう。

得意なことや持ち味を生かそう！

おっちょこちょいで大ざっぱだけれども、明るく、とにかく元気。盛り上げることが上手でノリノリタイプのあなた。

子どもたちと活発に動いて遊んで楽しむことが得意そうですね。行事を盛り上げたり、イベント時の雰囲気づくりには欠かせない存在ですね。

人前ではちょっと緊張するけれども、子どもとじっくりかかわることが好き。作ったり飾ったりすることが得意なタイプのあなた。

室内装飾など任されたりすると本領発揮ですね。また、子どもたちの作品づくりなどにもじっくり落ち着いてかかわり、サポートできそうですね。

運動がちょっと苦手かな？　でも、歌うことが大好き！　明るくてピアノの腕前もバッチリのあなた。

子どもは歌うことが大好きです。雨の日や気持ちが沈んだときなど、音楽で気持ちの切り替えを！　楽しい雰囲気づくりができますね。

苦手なことにも、少しずつチャレンジ！

得意なことを発揮しながら、苦手なこともどんどん克服していきましょう。簡単なことから取り組んで、成果を楽しみながら前進すると長続きします。

応援メッセージ！　「いい保育者」でいるより「輝く保育者」で！

少しくらい不器用でも、子どものために一生懸命保育に取り組んでくれる保育者は、必ず信頼を得て、しぜんと子どもが応援してくれます。自分らしく輝いていれば大丈夫！

園の職員の1人、社会人として

9

気分転換をして、明日の保育をもっと元気に！

キーワード・ヒント

気持ちの切り替え

保育はエネルギーのいる仕事なので自分に「溜め」がないと枯渇します。資格の勉強でもスポーツでも買い物でも、気分転換が明日のアイデアを生む母です。

なるほど！

家に帰っても保育のことが頭からはなれない。いつも子どもたちのことで頭がいっぱい！ 責任感や熱心さのあまり、疲れ切ってしまっては長続きしませんね。保育者も勤務を終えたらプライベートな時間をおおいに楽しみましょう。心身共にしっかり休めて、明日また新鮮な気持ちで保育をしていきましょう。

実践！ 納得！ 大丈夫！

お風呂でゆっくりリラックス！

気軽にできるリラックス法です。1日の終わりは、お湯につかってその日の反省をして身も心もスッキリ。後は、明日の楽しい現場をイメージして！

書いて整理してスッキリ！

保育の中で迷ったり悩んだりしたことを、紙に書いてみましょう。書くと考えが整理され問題点も把握。冷静な判断もできるようになりますよ。

●運動やスポーツでリフレッシュ！●

保育者は体が資本！　体力づくりに、ストレス発散に、運動やスポーツを勧めたいです。思いっ切り汗を流して爽快に！

●思い切りしゃべって、食べて！●

友達とのおしゃべりは最高のストレス発散。疲れた体や頭にはスイーツなど。おしゃべりと甘いもので、気分も晴れますね。ただし、個人情報には要注意です。

●ふらっとお出かけ●

いつもと違う乗り物や違うコースで出かけてみると、近くの街でも新鮮な気分に。ウィンドショッピングをするだけでも、心がリフレッシュしますよ。

●趣味や習い事で世界を広げよう！●

仕事一辺倒ではなく、自分の世界を持って楽しむことは大切です。人間的にも幅が出て魅力も備わってきますよ。

注意 ●行きすぎには注意！●

「ストレス発散！」と、ハメをはずしすぎて、仕事に影響が出ないように気をつけましょう。

応援メッセージ！ よく働いて！ よく遊ぼう！

「よく学びよく遊べ！」の子どものように、大人もそうありたいですね。仕事に全力を傾ける人は、休日もじょうずに楽しめそうですね。精神的な無理が一番ダメージに！　そうなる前に、じょうずに力を抜いて、遊びや気分転換をしましょう。

嗚呼！新任保育者4コマColumn その6

保育者って、子どもたちにいつも元気をもらいますね。

忙しい毎日でも、がんばっていれば、必ず見ていてくれる人がいます。

次のページからは、
保育に役だつ付録が
ついています。

付録1…1 イザ！ というときのために

けがや異変

●対応と応急処置●

どんなに安全への配慮をしていても、けがや事故は起きてしまうかもしれません。大切なことは、そのときの対応です。状況や症状を知っていれば応急処置のできることもあります。

病気に関しても、家庭でかかったものが、園で症状が出るといったことがよくあります。これらの状況に、園でできることや対応を知っておきましょう。

ポイント 保護者への連絡は迅速に正確に！

鼻血

○額から鼻にかけて冷やして安静にさせます。
○口にたまった血は吐き出させます。
○寝かすときは上向きにせず、出血したほうの鼻を下に、横にします。
●しばらくしても鼻血が止まらない場合は病院へ。

すり傷・切り傷

○傷口についた汚れ（土や砂、血など）を流水で洗い流した後、消毒します。
○必要なら、ガーゼや救急ばんそうこうで保護します。

打撲

○軽い打ち身の場合はすぐに患部を冷やし、安静にします（傷があれば処置し、ガーゼで保護した上から冷やします）。
○頭や体の大切な部分の打撲は、次の項目をチェックして病院へ行くことも。
●顔色やようすは？　意識は？　泣き方は？
●吐いていないか？
●出血は？
※骨折のおそれのあるときも病院へ。

ポイント 普段のようすを把握して

各種調査票で子どもの体質や特質などを知ったうえ、ふだんのふれあいのときも、子どもをよく観察しておきます。特徴のある頭の形や体型などを把握しておくと、異変のときの正しい判断に役だちます。

誤飲

○頭が下になるよう逆さまにし、背中の上のほうをたたきます。

●取り出せない場合や薬品などの異物の場合は、すぐに救急車の依頼を!

とげ

○とげは、先の出ているものは抜きます(入った方向をよく見て)。

○抜いた後は消毒します。

●深く入ったものや、中で曲がったものは、無理をして取るのはやめ、病院へ。

ねんざ

○冷やします。

○ねんざした所を動かさず、高く保っておきます。

発熱

○冷やして、安静に寝かします。

熱性けいれん

38℃以上の熱があり、全身をけいれんさせていれば疑います。 多くの場合、数分でしぜんに治まりますが、次のことに注意してようすを見ます。

○けいれんの時間。

○体の震え方が左右対称か。

●治まったら、医師の診断を受ける。

●ようすの詳細を保護者に知らせる。

※耳もとで叫んだり、揺り動かしたりしない。

※口の中に物を突っ込まない。

目に異物が入った

○小さな虫や砂などが入ったときは、こすらず、涙で流れ出るまでようすを見ます。

○出なければ、真水で洗い流します。

●大量に入ったり、目に傷がついたおそれがあったりする場合は病院へ!

ポイント 保護者との情報共有が大切

ふだんから、子どもの体質などについて、できるだけ保護者と情報を共有しておきましょう。

ポイント 薬品類には注意を

薬品類は、園医の先生などの指導を受けて、慎重に扱いましょう。

監修・鈴木　洋(小児科医)

付録 1 …2 イザ！ というときのために

伝染性の病気

●予防や対応●

伝染性の病気は、症状がはっきり出ていないときでも、また、治まったような後でも、感染力が衰えていない場合があります。うっかり登園すると、あっという間に広がることもあります。

園では個々の病気の症状をよく理解し、流行時期に気をつけて子どものようすを見守ります。また、家庭への理解と協力を促し、感染の予防や広がりを防ぐ努力をします。

発生したら！

子どもに症状が認められたら ～園としての対応も含めて～

○家庭に連絡して、すぐに迎えに来てもらいます。
○出席停止の説明をして理解してもらい、必ず医師の診断を受けてもらいます。
○医師の許可が出てから登園させることを伝え、了解してもらいます。
○感染拡大を防ぐためにも、各家庭に連絡して注意を促します。
○クラスや園全体の欠席が多い場合は、休園措置などを取ります。

園や学校でよく見られる、出席停止の定められた病気と期間、その基準

学校保健法施行規則として定められたものです。
園の対応は、家庭へ、正しい情報を連絡·報告して、理解を促すことです。

	疾病名と潜伏期間	出席停止期間の基準	
第二種 飛沫感染し、流行を広げる可能性が高いとされる伝染病。	インフルエンザ 1～ 2日	幼児は解熱後、3日を経過するまで	※基準については、結核以外も医師の判断に負うこともあり、この限りではありません。
	百日ぜき 1～2週間	特有のせきが出なくなるまで。又は5日間の適正な抗菌性物質製剤による治療が終了するまで	
	麻しん（はしか） 10～12日	解熱後　3日を経過するまで	
	流行性耳下腺炎（おたふくかぜ） 14～24日	耳下腺、顎下腺又は舌下腺の腫脹が発現した後5日を経過し、かつ、全身状態が良好になるまで	
	風しん 14～21日	発しんがなくなるまで	
	水痘（水ぼうそう） 14～21日	すべての発しんが、かさぶたになるまで	
	咽頭結膜炎 5～7日	主な症状消退後 、2日経過するまで	
	結核	症状により、医師において、伝染のおそれがないと認めるまで	
	髄膜炎菌性髄膜炎		

予防をしっかり！

感染を最小限にとどめる予防も大切。園でのうがい・手洗いの慣行はもちろん、家庭に向けて、日ごろから抵抗力のある強い体作りへの呼びかけもしましょう。

●うがい・手洗い

●睡眠をしっかり取る

●偏食をなくす

健康チェックをしっかり！

子どもの体に異変があると、顔色や視線、姿勢、表情に出てきます。特に登園時など、ようすをよく見ておきましょう。保育中はもちろん、部屋全体の雰囲気からも異変に気づくはず。日ごろからの注意が必要です。

頭痛、発熱は？
○インフルエンザ
○流行性耳下腺炎（おたふくかぜ）
○咽頭結膜熱（プール熱）

目の充血は？
目やには出ていませんか？
○はやり目
○急性出血性結膜炎

気になるせきをしていませんか？
○百日ぜき
○結核

顔色は？
○りんご病

おう吐や吐き気は？
※感染性胃腸炎など
〈本誌では解説されていません〉

皮ふの状態は？
発しんはありませんか？
（色、水疱、形）
○風しん　○りんご病
○水痘（みずぼうそう）
○麻しん（はしか）
○手足口病　○とびひ

腹痛を訴えていませんか？
ひんぱんにトイレに行っていませんか？

監修・鈴木　洋（小児科医）

付録 1…3 イザ！ というときのために

伝染性の病気

症状

麻しん
はしか

2～3日は、熱、くしゃみ、せき、鼻水、目やになどかぜのような症状が出ます。熱が出ていったん下がり、再び高熱が出ると同時に発しんが全身に出ます。

高熱は4～5日続き、症状はいっそうひどくなります。伝染力は強く、すぐにうつってしまいます。

インフルエンザ

ウィルスにはA・B・C型があり、流行は年によって異なります。

症状は、突然の高い発熱や頭痛、全身けん怠感、筋肉痛や関節痛、食欲不振などのほか、咽頭痛、せき、くしゃみ、鼻水、おう吐、下痢、腹痛などもあります。

風しん
三日ばしか

はしかに似た症状が出ることから名前がついています。

初期は、ピンク色の発しんが、顔、首、おなかに出始め、耳の後ろや首のリンパ腺がはれます。発しんが全身に広がり、目の充血、のどの痛み、せきなどの症状が出ます。発しんのピークは3日くらいで、後は消えていきます。

百日ぜき

最初、普通のかぜに似たせきやくしゃみが出ます。1～2週間過ぎるとせきが激しくなり、せきの後、息を吸い込むときヒューヒューと音を立てます。また、顔が赤くなるのが特徴です。

3～4週間くらいで少しずつ症状が和らぎます。熱は出ません。

結核

初期の症状は、微熱やせき、たんが出るなど、かぜに似ています。症状が進むと、胸が痛くなったり、血たんが出ます。また、体重が減ることもあります。微熱やせきが長く続くようなら、医師の診断を受けます。

過去のものと思われていた結核が、最近また増加傾向にあります。免疫が低下していたりするときは注意が必要です。

咽頭結膜熱
プール熱

39°C ほどの高熱が 4～5 日続きます。症状は、のどの痛み、せき、目の充血や目やにがあり、頭痛、吐き気、腹痛、下痢が伴うこともあります。

流行性耳下腺炎
おたふくかぜ

耳の下（耳下腺）がはれ、痛がります。片方または両方はれる場合があり、1 週間前後ではれはひきます。熱が出ることもありますが、3～4 日で落ち着きます。

合併症として髄膜炎が心配されます。疑わしいときは、医師の診断を受けます。

水痘
水ぼうそう

赤い発しんが出て、中央に水膨れができます。かゆみがあり、発熱を伴うこともあります。発しんは 2～3日がピークで、その後乾いて、黒いかさぶたになります。

平均して 1 週間くらいで良くなります。

園でよく見られる伝染性の病気

手足口病

夏の病気のひとつです。指、手のひら、足の裏、唇やほおの裏側、舌にまで白い水疱状の発しんが出ます。熱はあまり高くなく、合併症もめったにない軽い病気です。

水疱が破れ潰瘍となり、やがて茶色になって、発病から 1 週間ほどで消えます。

りんご病（伝染性紅斑）

両方のほおや腕に赤い斑点の発しんができ、リンゴのように丸く赤くなります。 発しんの出る前、発熱やかぜのような症状があるころが一番伝染性が強い時期です。発しんはほてりやかゆみ、痛みがありますが、1～2 週間で消え普通に戻ります。

とびひ（伝染性膿痂疹）

細菌による皮ふの感染症で、飛び火のようにぱっと広がる症状から名前がきています。

透明な水疱ができて白く濁ってきます。破れるとかゆく、かきむしるので伝染していきます。

※園ではタオルの共用をやめます。

はやり目（流行性角結膜炎）

伝染性の角膜炎と結膜炎が合併したものです。白目が充血し、目やにや涙の症状があります。プールでの感染が多いようなので、プールの一時的な閉鎖も考えます。

※園では、目が触れる物の貸し借りや、タオルの共用をやめます。

参考文献：「健康・病気のCD－ROM おたより文例～囲みイラストつき～」鈴木　洋・監修　ひかりのくに刊

急性出血性結膜炎（アポロ病）

はやり目に似ていますが、充血もひどくまぶたがはれるほか、強い目の痛みや異物感を感じるのが特徴です。

※園では、タオルの共用はやめ、早めに医師の診断を受けるようにします。

監修・鈴木　洋（小児科医）

付録 1 …4 知っておきたい異変と問題行動

子どもの健康や安全などのために、保育者として知っておきましょう。そして、保護者との信頼関係を築きながら、連絡を密にすることが大切です。

乳幼児突然死症候群（SIDS）

特に問題なく育っていた乳幼児が睡眠中に突然呼吸が止まり亡くなる原因不明の症候群です。アメリカでは 1980 年代にこの症候群について大々的な疫学調査がなされ、うつぶせ寝、親の喫煙、母乳栄養をしていないことが何らかの関係があるのではということになったのです。それを受け、アメリカ小児科学会が中心になりうつぶせ寝禁止キャンペーンを 90 年代になって行なった結果この症候群で亡くなる子どもが 3 分の 1 に減ったのです。日本では 90 年の後半になり当時の厚生省がうつぶせ寝の禁止、親の喫煙の中止、母乳栄養が突然死を予防できるとキャンペーンを張ったのです。日本では 80 年代前半にうつぶせ寝ブームがありましたが 21 世紀になり特別な理由のある子以外はうつぶせ寝をしないようになりました。

しかし、まだきちんとその原因はわかっていません。そのためには園生活では乳児をうつぶせで寝かせず、午睡中も顔色、呼吸をしているかどうか何度か確認することが大事です。

噛みつきへの対応

集団生活では家庭生活と違って多くの友達と接します。多くの友達とつきあうことは発達途上の子どもにとって非常にいい経験ですが、時にそれがトラブルになります。何らかの原因があれば近くにいる大人が注意もできますが、原因がはっきりしないトラブルは子どもたちの生活の場ではよくあります。基本的には他人に噛みつくことはよくないことです。よくないことはきちんと注意すべきです。そして噛みつかれた友達にはきちんと謝るようにすべきです。そして、噛みつかれた場所を確認して出血していればきちんと消毒して清潔にしましょう。赤いだけの時は冷やせばいいでしょう。集団生活の場での不満やいざこざだけが噛みつきの原因ではありません。家庭でのいやなことの延長線上の結果として噛みつき事件は起こることもあります。

子どもにもいろいろな場面でストレスがあるものです。保護者には家庭での生活もチェックするようにアドバイスしていっしょに考えることが大切です。

■食物アレルギーについて■

食物アレルギーの子どもは最近増えていると言われています。食物アレルギーで多いのはアトピー性皮膚炎です。皮膚に湿疹が多くある子どもは食べ物によるアレルギーで湿疹が出ることがあるのです。疑われたら一度血液検査で何の食物が疑われるか検査してみてはいかがでしょうか。検査は絶対ではありません。疑われる食べ物をやめる（これを除去試験といいます）と症状が軽くなり再び与える（これを誘発試験といいます）と悪くなれば確実性が高いのです。問題なのは保護者が個人判断でやめてしまうことです。病気のための除去食は治療です。そこには知識と経験のある専門家といっしょに進めることが大事です。保育園では保護者との連絡を密にして、食事内容には十分に注意しましょう。

食物アレルギーの症状の代表はアトピー性皮膚炎ですが、喘息発作、下痢、じんましんも起こることがあります。注意しなければいけない症状としてアナフィラキシーショック（アレルギー原因食物をとると、１時間以内に呼吸困難やショックを起こし生命の危険がある）もあるので注意しましょう。

■幼児虐待のサインと対応■

最近幼児虐待が増えているといわれています。時に死亡するという痛ましい事件が報道されています。乳幼児にあざややけどの痕があるときは必ず保護者になぜこのようなことが起こったか確認しなければいけません。たびたび不自然なあざ、やけどがあれば対応を考えなければいけません。また体重が増えない、減っているときも要注意です。明らかな体重減少を起こす病気があれば別です。

虐待のサインに気づいたら、まずは園長に相談し、次に保健所や児童相談所に連絡すべきです。虐待は物理的力だけではなく子どもの世話を半ば放棄したネグレクトも虐待のひとつです。髪の毛の手入れの清潔度、歯みがき、爪の手入れ、お風呂に入っているかどうか、服装は？　といろいろなところを注意しましょう。日々の園生活での子どもの行動、身なりなどに注意することが早期発見になります。虐待に関しては疑ってようすを見るのではなく、できるだけ早く多くの人と協議することが大切です。

鈴木　洋（小児科医）

付録2 離乳食の進め方

発達を押さえながら離乳食を進めていきましょう。保護者と家庭でのようすや園でのようすを伝え合いながら進めてくことが大切です。

初期 1回食（5〜6か月ごろ）

●まず、飲み込みに慣れること

スプーンを口に入れて、いったん口を閉じ、離乳食を口にためてから、ごっくんと飲み込めるようになることが目的です。

●なめらかなドロドロ状から

スプーンを傾けるとポタポタたれるくらいのかたさが目安です。

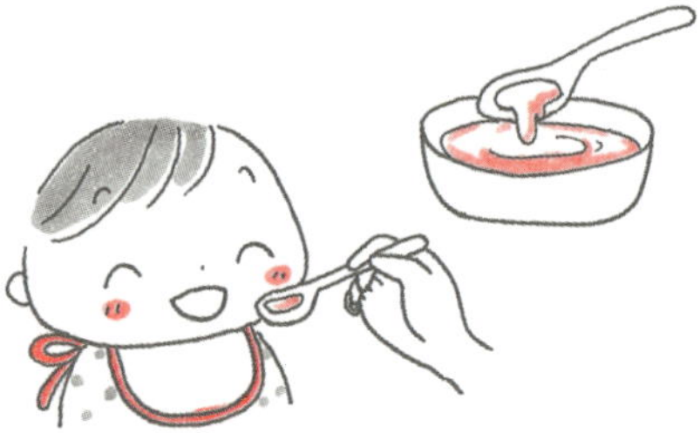

●1さじずつ、ようすを見ながら

食品ごとの進め方は、まず1さじから始め、2〜3日ごとに1さじずつ増やすつもりで、焦らずゆっくり進めます。

卵は、もし、家族にアレルギー体質の人がいるのなら、10か月以前は与えないほうがいいでしょう。それ以外の赤ちゃんは、ようすを見ながら、1さじずつ試していきましょう。保護者との連絡をきちんととるようにしましょう。

●6か月ごろにはベタベタ状へ

水分の多いドロドロ状の調理形態から、ペースト状のベタベタ状が飲み込めるように少しずつ慣らしていきます。ジャムのかたさを目安にするといいでしょう。

中期 2回食（7〜8か月ごろ）

●1回食から2回食へ

離乳食が毎日だいたい決まった時間に食べられるようになり、量も合わせて10さじ以上食べられるようになったら、2回食に進みましょう。量が少なめでも、いやがらずに何でも食べている赤ちゃんなら、2回食に慣らしていきましょう。

●ベタベタ状からフワフワ状へ

舌と上あごで押しつぶせるぐらいのかたさ、プリンやお豆腐のようなフワフワ状の食べ物をペチャペチャ、ごっくんできるように練習する時期です。

●食品の種類を増やしていこう

この時期の目安は、おかゆ：子ども茶わんに半杯、野菜：4〜12さじ、タンパク質：4〜8さじ（卵は1さじ〜半個）程度です。1回に3つの食品がそろうように献立を工夫しましょう。この時期にいろいろな食品の味に慣らすよう心がけておくと、かみかみ期になって、形の大きいものを食べられるようになったとき、食品のレパートリーが広がり、バランスも取りやすくなります。

後期 3回食

(9〜11か月ごろ)

●2回食から3回食へ

2回食がだいたい同じくらいの量、決まった時間帯に食べられるようになったら、授乳タイムのうち、あまり夜遅くならない時間に、3回目の離乳食を与え始めます。初めは授乳リズムにそって、3回食に慣らしていくようにします。

●フワフワ状からツブツブ状へ

かみかみ期には、奥歯が生えてくる場所の歯ぐきを使って、もぐもぐ、かみかみができるように練習していきます。初めは、柔らかく小さなツブツブ状に調理し、だんだんモグモグすることに慣れてくるにつれ、少しずつ大きめのツブツブにしていくといいでしょう。

●「食べたい!」という意欲を育てよう

手につかんで口に持っていくのがじょうずになるころなので、ミニおにぎりや食パンのスティック、コロコロ野菜など、手づかみで食べられるものをメニューに入れてあげましょう。

コップもスプーンも持ちたがるようになったら、持たせてあげましょう。汚されることを心配するよりも、「自分でやりたい」という気持ちを育てるほうが大切です。

後期 3回食

(12〜18か月ごろ)

●規則正しい3回食へ

1日3回の規則正しい食事を与えます。食事の波が出て、よく食べるときと、食べないときの差が出てきますが、強制して与えることなく楽しい雰囲気のなかで食事ができるようにしましょう。

●やわらかい固形食を

栄養の大部分が乳児以外の固形食で摂取できるようにしていきます。歯も生えはじめてきますが、まだかみきることはできませんので、歯ぐきでかめるほどの柔らかい調理をしましょう。離乳の完了とともに、食べ物の感触を楽しむ幼児食へ移行していきます。

●食べることへの興味を広げよう

自分で食べることに興味を持つ時期でもあります。いろいろな食品に慣れ、経験させてあげましょう。味覚、触覚、視覚など、さまざまな感覚から意識づけできるように、「ヨーグルト冷たいね、すっぱいね」「赤いニンジン、もぐもぐできるかな」「おいしいね」などことばがけをしながら、食べ物への興味を広げていきましょう。

なごやかな雰囲気のなかでいっしょに食事をすることへの楽しさや喜びを感じられるように「おいしかったね」「ごちそうさま」と言葉をかけながら、おいしく食べたという満足感を共有できるようにしましょう。

付録 3 …1

保育の基本・指導計画
指導計画って何？

（P.150～157については、幼保連携型認定こども園教育・保育要領も参照しながら考えるようにしてください。）

そもそも指導計画って何を基にしているの？

保育の基本といわれる指導計画。「指導計画をしっかり」「指導計画に基づいて」とはよくいわれます。では、指導計画は、保育者が自由に考えて作っていいのでしょうか？　指導計画を考えるうえでの大切な位置付けを見ておきましょう。

1 保育所保育指針から全体的な計画へ

保育所保育指針には、保育者として目ざすべき方向性が書いてあり、保育のよりどころとなるものです。

2018年4月から新しい保育所保育指針施行です。その保育所保育指針の「第１章　総則３　保育の計画及び評価」に全体的な計画について記されています。もちろん、保育所保育指針には、指導計画についての詳しい内容も記されていますが、ここでは、作成するための手順を示すだけにとどめておきます。

保育所保育指針をよく読んで、保育全体を見通しましょう。

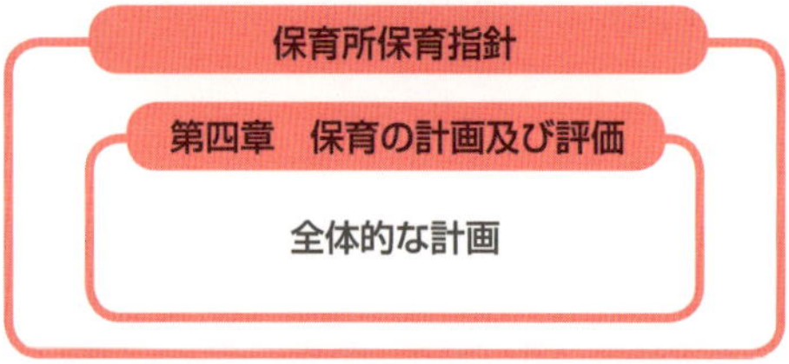

2 全体的な計画から指導計画へ

全体的な計画とは、在園期間を通して、各年齢の子どもが育つ道筋と、その連続性を示した、保育の基盤となるものです。

全体的な計画を基にして、保育をするにあたり、より具体化したものが指導計画です。

全体的な計画
園全体の子どもの育ちが見通せる
0歳
1歳
2歳
3歳
4歳
5歳

各年齢で目指す、ねらい・内容の枠組みが中心

全体的な計画を基に、指導計画をたてる

指導計画

わたしのクラスは1歳児。
どんな時期かな？
何をすればいいかな？

年間計画
期の計画
月の計画
週案
日案

指導計画は、年・期・月の長期の計画から、週・日の短期の計画へと進めていきます。このような流れで、指導計画を考えていきましょう。

付録 ③…2 保育の基本・指導計画

指導計画はなぜ必要？ どう生かすの？

保育とは、ただ何となく子どもと遊んでいるだけでよいのでしょうか？保育は、子どもと楽しく過ごすだけではなく、子どもを大事にしつつ育てていくという視点と見通しを持っていなければいけません。子どもひとりひとりの力を引き出しながら、心身共にすこやかな成長を目ざす必要があります。そのための計画が指導計画なのです。

どんな仕事にも通じますが、計画をたてて実践し、うまくいかなかったことは反省・評価します。その反省点を踏まえたうえで、さらに改善した計画をたてて実践に生かす……といったサイクルをイメージしましょう。

計　画

今日は、こうしよう！

子どもの姿は？
よし！
これでやってみよう！
ねらいと内容は？
保育者の援助は？
線路つなげよ〜
ハ〜イ!!
環境の構成は？

実践

あれ？　遊びが広がらない！

指導の意図
子どもの活動
ズレ
こういう遊び方もあるんだ〜
キャッ　キャッ
オモチャデアソブ!!
どうしよう…

反省・評価

よし！　明日はこう改善して！

○○ちゃんの対応は…
展開をこうすればもっと発展してたかも？
あのときのことばがけはこう言えば…
○○○は必要だったかな

付録3…3 保育の基本・指導計画
指導計画のたて方

「指導計画をたてる」ということは、今、子どもはどのような時期か、何が育つ（育てる）発達過程か、何に興味をもっているか、を想像すること、といえるでしょう。それらの内容を考えるための参考に以下の「月の計画のたて方・考え方」→①～⑤を順に読んで、それぞれの意味や目的を理解しておきましょう。

月の計画のたて方・考え方

月の指導計画は、担当する保育者が自身の保育実践をもとに、前月の最後の週に来月の計画を作成します。何に興味や関心をもち生活したか、何を身につけさせたいか。どこにつまずきがあるのかなど子どもの生活する姿、実態を把握し、年の指導計画も頭に入れつつ季節や行事予定を把握し、2～3か月先までの保育所全体の流れを考慮して「ねらい」「内容」を設定し、必要な活動ができるように環境をつくり出すことが大切です。

また、0・1・2歳児は発達に個人差、月齢差があるので、個別に作成しますが、集団保育においてはクラスの指導計画も必要です。

保育は「ねらい」や「内容」を直接、子どもに経験させるのではなく、それらを環境の中にひそませ、子ども自身が環境にかかわることでさまざまな活動が展開され、必要な経験が得られるように援助することと考えます。

1 子ども理解「子どもの姿」

月齢の違う子どもの、個々の姿を書きます。

2 保育目標（何を育てるか　何のために活動する時期か）「ねらい」

（全体）

子どもが生き生きとした生活をおくるために保育者が行なわなければならない事項やその月の成長を、一般的な子どもの姿を予想し、養護と教育を一体化して書きます。

（個別）

一人ひとりの興味や関心などを大切にして、養護と教育を一体化して書きます。

3 保育内容（ではどのような実践にするか）「内容」

各月の子どもの成長を見通して、それぞれの子どもたちが生き生きした生活をおくるために保育者がおこなわなければならない事項や身につけたい生活習慣など養護と教育を一体化して書きます。

4月の計画　0歳児　○○組　担任　　　　園長確認印

	子どもの姿	ねらい（個別）	（内容）
A児 3か月	○ミルク○○○ ml 飲むが、授乳後ダラダラと溢乳する。 ○ウトウトと寝ついたとき、他児の泣き声がすると目覚めて泣くが、すぐ寝つき、○時間以上眠るときもある。 ○機嫌良く目覚めたとき、手足を動かしながら「アー、アー」と声を出す。	○ミルクをゆっくり飲んで満足する。 ○目覚めているときに、保育者と触れ合って楽しむ。 ○音声のやり取りを通して愛着関係を深める。	○特定の保育者に抱かれ安心して飲む。 ○特定の保育者に抱かれて、心地良く過ごす。 ○保育者と音声のやり取りを繰り返す。
B児 6か月	○空腹になると、握りこぶしの腹を、チュッパチュッパしゃぶりながら泣く。 ○オムツを替えるとき、マットに寝かせると大きな声で泣き、足をバタバタする。 ○腹ばいになると、キョロキョロ周りを見渡し、保育者の顔を見る。	○解凍して温めた母乳を十分に飲んで満足する。 ○オムツを替えた心地良さを感じる。 ○腹ばいの姿勢になって遊ぶことを楽しむ。	○特定の保育者に抱かれて、満足するまで飲む。 ○特定の保育者に語りかけられながら、オムツを替えてもらう。 ○保育者や他児と腹ばいになり、手や顔を触れて遊ぶ。
C児 10か月	○自分から食べようとしないが、保育者が介助すると全量食べる。 ○家庭ではだっこひもで寝ており、抱いていると眠るが、布団に下ろすと目が覚める。 ○腹を付けてハイハイし、保育室中を動き回り、止まって保育者の方を見てはにっこりする。	○手づかみなどで、自分から食べようとする。 ○新しい環境で、安心して眠る。 ○ハイハイを楽しむ。	○介助されて食べたり、自分からも少しずつ食べようとしたりする。 ○特定の保育者に抱かれ、十分に睡眠をとる。 ○ハイハイしながら、体を十分に動かして遊ぶ。

今月の予定	ねらい（全体）	健康・食育・安全への配慮
身体計測 誕生会 個人懇談会	○一人ひとりの子どものありのままの姿を受け止めて、応答的に関わり愛着関係が築けるようにしていく。 ○ゆったりと、ふれあい遊びを楽しめるようにしたい。	●入園までの家庭での様子を把握し、予防接種や既往症などの情報を確認しておく。 ●冷凍母乳の扱いや授乳、離乳については、保護者、調理担当者と連携しながら個人差に配慮する。 ●室温・湿度・採光などに配慮し、快適に過ごせるようにし、SIDS 予防の環境構成を工夫する。

指導計画の種類

全体的な計画→年の指導計画→期の計画→月の計画→週案→日案をたてていきます。子どもの育ちや発達の見通しを、連続した生活のなかで反映できる保育の計画を目ざしましょう。

- ●長期の計画……年の指導計画・期の計画・月の計画
- ●短期の計画……週案・日案

※154～155ページでは長期の計画として月の計画を例に挙げて計画のたて方を解説しています。156～157ページでは短期の計画につながるものとして、週の個別記録・保育日誌の例を挙げています。

※園によって様式は異なります。

4 保育者のかかわり（そのために何をはたらきかけるか）

「環境と援助・配慮」

「ねらい」を達成するために保育者が子どもに行なうこと（援助と配慮）です。子どもの生活する姿や発想を大切にして、主体的に活動を展開できるような具体性が大切です。

「保護者への支援」

園は家庭環境の理解に努め、家庭には園の子どものようすを伝えます。子育て支援のための重要な意味をもつ「ねらい」です。0歳児では特に個別の援助や連携を書きます。

「健康・食育・安全への配慮」

乳児は生活能力が低いので１００％保護されなければなりません。保育者は子どもを危険から守り、安全管理を徹底しなければなりません。日々のようすをチェックし、書き留めましょう。また、この時期の子どもにとっていちばん重要な食について書きます。

5 振り返り「反省・評価」

「ねらい」が適切であったかを反省し、子どもの活動内容やその結果だけでなく、子どもの心の育ちや意欲にも十分留意します。

環境と援助・配慮	保護者への支援
○優しく目や口元を見つめながら抱いて授乳し、飲み終えたとき溢乳したら、清潔なガーゼで拭き取り、様子を見ながらゆっくり縦抱きにして排気を促す。 ○長時間眠った後は特に「Aちゃん、起きたのね」と語りかけながら、しっかり目覚めるように抱き上げる。 ○ベッドの中のA児の相手をしたり、抱き上げて視線を合わせたりしながら、音声のやり取りを楽しめるようにする。	就労を続けながら低出生体重児を出産した母親を労う。そのうえで、体重増加不良の影響や生後3～4か月くらいまでの母乳栄養の有用性について話し合う。溢乳と授乳後の排気の仕方は保育者がA児を抱いて示した後、母親にも抱いてもらい、溢乳したときの対応を確認し合う。体重増加の確認方法についても具体的に支援していく。
○授乳時間の間隔や、B児の様子を見ながら冷凍母乳を適温に解凍し、ゆったりと飲めるようにする。 ○「オムツ替えよ…」と語りかけて抱き、くすぐったりマッサージをしたりして落ち着いたら、両手でしりを持ち上げて汚れたオムツを交換し、「きれいになったね」と気持ち良さを共感する。 ○目覚めているときは、腹ばいの姿勢で短時間、何度でも相手をして、メリハリのある保育内容を心がける。	母乳育児を希望する保護者には、冷凍母乳の受け入れを行ない、送迎時には保育室でゆったりと授乳できるよう専用コーナーを設ける。母乳の量が減ってきたことに悩む姿が見られた際には、朝晩しっかりと母乳を与える保護者の努力を認めつつ、離乳食の進み具合などを確認し、子育てに見通しを持てるようにする。
○手づかみで食べやすいおかずを用意して、手に持たせて食べさせたり、介助して満腹になるまでゆっくりと食べさせたりする。 ○特定の保育者が歌をうたいながら抱いて寝かせ、ぐっすり寝入ってから体を密着させた状態で布団に下ろし、眠れるようにする。 ○牛乳パックや段ボール箱などで作った坂道や安定感のあるトンネルを用意し、保育者も一緒にハイハイを楽しむようにする。	食事の際、自分から食べようとしない子どもの保護者とは、家庭や園での食事の様子を話し合い、園では手づかみで少しずつ食べるようになってきた具体的な様子を伝え、家庭でも参考にしてもらう。給食懇談会などで「食事」をテーマに話し合う機会を設け、食事場面での関わり方を保護者同士で考え合えるようにする。

反省・評価
◆一人ひとりの子どもの授乳や離乳食・睡眠の特徴を把握し、できるだけ特定の保育者が対応に努めたが、小さな物音ですぐに目覚める子どもが多かったので、ゆったりと過ごすまでには至らなかった。睡眠観察がしやすい環境をつくりつつ、落ち着いて眠れるように工夫する必要がある。また、応答的な関わりをより意識して持つことによって、愛着関係を深め、安定して過ごせるようにしたい。 ◆個人懇談を通して家庭での様子を伺ったり、園での様子を伝えたりして情報交換をし、信頼関係を深めることができた。今後も保護者に安心してもらえるようにクラス便りなどでも情報を提供していきたい。

※各園で様式は異なります。ここでは、『月刊保育とカリキュラム 2017年4月号』（ひかりのくに・刊）を参考に記入例を作成しました。

週の個別記録と保育日誌の考え方

乳児・3歳未満児は発達が著しく、また家庭養育の違い、個人差、月齢差があるので、個別に指導計画を作成します。

0歳児　8月　週の個別記録　（Aちゃん　8か月）

目標	保育者といっしょに異年齢児とふれあいを楽しむ		
日	8/27日（月）	28日（火）	29日（水）
健康	36.7℃	36.7℃　オムツかぶれ（軽）	36.9℃　機嫌少しわるい オムツかぶれ
生活	AM 6:00　30 起床 7　00 授乳 200cc 8　00 登園 9　30 睡眠 10　30 11　00 食事（完食） PM 12　排便（良） シャワー 1　30 2 3　15 30 授乳 180cc 4 5　排便（良） 6　お迎え 7　40 食事 8　30 ミルク 200cc 9 10	12:00 AM 6:00　起床 7　30 授乳 200cc 8 登園 9 10　00 睡眠 11　15 食事（完食） PM 12　シャワー 1　15 途中目覚めましたが再眠できました 2 3　30 ミルク 200cc 4 5　10 排便（良） 6　お迎え 7　食事 8　30 ミルク 200cc 9　00 10　何度か起きる	30 起 AM 6:00　ミ 7　排 8　登園 9　睡眠 10　30 11　30 食事（1/3） PM 12　シャワー 1　50 熟睡 2 3　10 30 ミルク 4　沐浴 5 6　お迎え 7　00 食事 い ミルク 60cc 8　30 9 10
食事	○かゆ ○鶏ささみ肉と野菜のうま煮 ○ジャガイモのやわらか煮 お代わり ○足しミルク　60cc	○かゆ ○白身魚と野菜の煮物 ○青菜の煮びたし　お代わり ○足しミルク　60cc	○かゆ ○野菜とトマトのささみ煮込 ○ひじきとキュウリ、しら ○足しミルク　80cc ○トマトが苦手みたいで
遊びなどのようす	○ビニールプールのボールプールをめざしてハイハイで進んで行き、プールのふちにつかまって立ち、中へ入ろうと一生懸命です。そこでボールプールへ入れてあげると、お座りでうれしそうにボールをポイポイほうり出して遊んでいました。今日もご機嫌です。	○登園後、涼しくて気持ち良い気候だったので年長組といっしょにバギーに乗ってお散歩。 しっかりしてきたハイハイでお兄さんたちをおいかけて遊んでもらいました。 「Aちゃん」と声をかけてもらうと、手をパタパタ振ってうれしそうにします。でも、見慣れない職業体験に来ている中学生には人見知りをして、先生にしがみついていました。	○昨晩眠りが浅かったせ 日はいつもより早く眠く 機嫌がわるくなりました。 も、午睡時は熟睡してすっか 機嫌もよくなりました。食事 あまり進みませんでした。い もはトマトも食べてくれる ですがくれぐれも体調に注
家庭から	○家は座卓ですので、つかまり立ちしては手の届く物を下へポイ投げするので困ります。イヤイヤと言うとわざと喜んで何度もします。昨夕は離乳食が作れずミルクだけになってしまいました。こんな時は、おかゆだけでもいいでしょうか。	○寝苦しいのか、夜中に珍しく起きてぐずぐずしました。 オムツかぶれができてしまいました。家では塗り薬を使用しました。そのせいで機嫌が悪いのでしょうか……心配です。	○食事は何とか普通に食べ ですが、何となく機嫌がすく ません。体温も今朝は高めでした。昼間にようすをうかがうため、電話を入れますので、よろしくお願いします。

参考資料：『CD-ROM版　指導計画立案ノート①　0歳児の指導計画』（ひかりのくに・刊）

ここでは、週の個別記録と保育日誌の一例をあげました。
各園で様式が異なりますので参考例として活用してください。

保育日誌　(　　　　)組　8月30日（木）　天気：晴　記録者

主な活動予定		出欠状況	
	○水遊び、沐浴を楽しむ。 水遊びの水は、あらかじめ張っておく。 直射日光を避けるため、日よけシートを張る。 ○Aちゃんは体調が悪いので、室内で遊ぶ。 ○月齢の低いB君は室内でゆったりふれあい遊びを楽しむ。		(在籍　10名) 出席８名／欠席２名 名前と理由 D君　　　熱38.2℃ Eちゃん　都合で休み その他

記録

○１歳児クラスとの混合の水遊び。
途中から１歳児クラスの勢いに圧倒されてきたので、しきりをつけたところ落ち着いて過ごすことができた。水遊びの好きなF君とC君は、水をかけられても平気でいた。

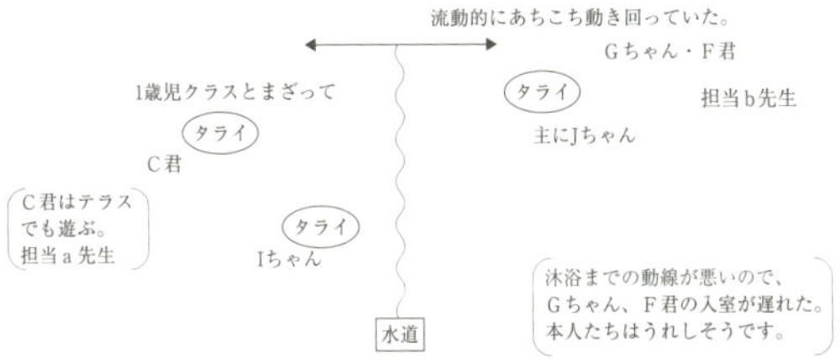

流動的にあちこち動き回っていた。
Gちゃん・F君
1歳児クラスとまざって
タライ
担当b先生
タライ
主にJちゃん
C君
C君はテラスでも遊ぶ。担当a先生
タライ
Iちゃん
沐浴までの動線が悪いので、Gちゃん、F君の入室が遅れた。本人たちはうれしそうです。
水道

伝達事項		延長保育連絡	
	●沐浴を夕方にもすることがあります。タオルや着替えはいつもより多く用意してください。 ○Aちゃんは体調不良につき、引き続き注意してください。 ★Aちゃんは、その後、水遊びはせず室内で機嫌よく遊んでました。		○Gちゃん：朝から延長利用ですが本日は都合により（6時30分まで）利用されます。慣れないことで不機嫌が予測されますが、よろしくお願いします。

反省・評価（自己評価）

○遊び場にしきりを設けたところ、落ち着いて1歳児と高月齢の0歳児が集まって遊んでいた。
ペットボトルで作った手作りの玩具を好んで使っていた。

●保護者への伝達（お知らせ）　★特定の保護者への連絡と報告（特記）

参考資料：『CD-ROM版　指導計画立案ノート①　0歳児の指導計画』（ひかりのくに・刊）

付録4 新任保育者へ 先輩保育者からのメッセージ

現役の先輩保育者の方々から、保育園で奮闘中の皆さんへの応援メッセージをいただきました。

新人先生こんにちは。

私が新人だった昔、から回りも遠回りも失敗もいっぱい！　とにかく毎日が無我夢中だったような気がします。

一度、園長先生に「先生は、怒っているのか、怒ってないのか、わかりにくい。喜怒哀楽をもっと出してごらん」って言われたことを思い出します。

自分では怒りすぎているかな…って悩んだりしていたのに、わかりにくいって??

決して「せんせい」になろうとせず、楽しいときは思い切り笑えばいい。腹立ったときは怒ればいい。わからなかったら子どもに聴けばいい。先輩に訊けばいい。そうやって気張らずに過ごすうちに毎日が楽しくなってきました。

どんな時も毎日元気に「あいさつ」することを忘れないでがんばってほしいな!!

初心を忘れずに。

（保育園１２年　S.N）

最初はわからないことが多くて当然だと思います。どんな小さなことでも、わからないことは先輩保育者に自らどんどん聞いて、少しでも早く自分の力にしていくことが大切だと思います。

（保育園６年　匿名希望）

おもちゃもいいですが、音楽を流したり、わらべうたを歌ったりしながらのふれあい遊びをたくさんしてあげてほしいです。

スキンシップの少ない子どもが多いので。

（保育園９年　かおり）

保育士は子どもひとりひとりの“初めて”に立ち会うことができるすばらしい職業です。初めてできたこと、初めてする体験、初めて抱く感情…。

あなたにとって何度も出会う“初めて”に、いつまでも「はじめまして！」の新鮮な気持ちのまま、人生初の大きな喜びを子どもたちといっしょに分かち合ってください。

（幼稚園３年　保育園３年　匿名希望）

１年目はわからないことだらけで、自信が持てないこともたくさんあるかもしれません。がんばっているのになかなか結果がでなかったり、報われなかったりすることもありますが、今の努力は決してむだではありません。がんばった分だけ自分の力になると思います。その力は、２年後…５年後に役立つでしょう。がんばっている姿は必ず誰かが認めてくれていますよ。くじけずにいっしょにがんばりましょう!!

（保育園１４年　匿名希望）

いろんな子どもがいるように、**いろんな先生がいていいのです**。体操が得意な先生も、製作の苦手な先生も、歌に自信がない先生も。でも、みんなきっとだれにも負けない“いいところ”がありますよ！

子どものいいところを見つけ、たくさん褒め、伸ばしてあげてください。子どもたちには、いろいろなたくさんの大人と出会い、見守られ、愛されているのだと感じてほしいと思います。

ときには優しくときには厳しく、広い心で受け容れてあげてくださいね。

（幼稚園3年　保育園3年　M.M）

どんなときも、子どもに対し無言で行わず、**言葉をかけてから行ない**、自分がされたら嫌な方法で行なわない。**子どもの気持ち、思いを考えて！**

（保育園 14 年　K.T）

わからないことばかりだと思うので、**固定観念を捨て、謙虚な気持ちで**、わからないことは放置しないで聞くようにしてください！

（保育園 7 年　匿名希望）

1年目のときは、自分に保育士ができるか不安になったり、自信をなくしてしまったりしますが、そんなときは**「自分は子どもたちのために何ができるか」**と思ってがんばっていくと、前向きに進むことができましたので、**自分らしくがんばってください**。

（保育園7年　S.S）

「『聞く』は一時の恥、『聞かぬ』は一生の恥」ということわざがあります。わからないことは、すぐに先輩に聞いてください。**指導やアドバイスを受けたことは、きちんと記録し**、宝物にしてください。**新任時代、「聞く」ことは特権です**。

（保育園 11 年　モモ組）

「失敗は成功のもと！」
いろいろなことにチャレンジしてください。

（保育園 10 年　匿名希望）

保育士は、とても素晴らしい職業です！ 本当にいろいろなことがありますが、がんばってほしいと思います。

（保育園 12 年　匿名希望）

〈監修者〉
鈴木　みゆき（すずき　みゆき）
独立行政法人
国立青少年教育振興機構　理事長
「子どもの早起きをすすめる会」発起人
医学博士

〈付録③　保育の基本・指導計画　監修者〉
大方　美香（おおがた　みか）
大阪総合保育大学児童保育学部　学部長　教授　同大学院　教授

〈健康・安全・医療監修者〉
鈴木　洋（すずき　よう）
鈴木こどもクリニック院長

〈著　者（本文・イラスト）〉
池田　かえる（いけだ　かえる）
短大を卒業後、乳児保育園で保育士として7年間勤務。その後、イラストと絵本を学び、2006年からフリーランスのイラストレーターとして活躍中。
保育士の経験を活かし、壁面製作・アレンジプラン・企画内容協力などに携わる。

＜参考文献＞
『健康・病気のCD-ROMおたより文例』（鈴木　洋・監修／ひかりのくに・刊）
『年齢別保育資料①　0歳児の保育資料　12か月のあそび百科』（鈴木みゆき・編著／ひかりのくに・刊）
『年齢別保育資料②　1歳児の保育資料　12か月のあそび百科』（鈴木みゆき・編著／ひかりのくに・刊）
『年齢別保育資料③　2歳児の保育資料　12か月のあそび百科』（鈴木みゆき・編著／ひかりのくに・刊）
『キラッと光る　保育者のマナー』（神長美津子・監修／米谷美和子、福田勝恵・著／ひかりのくに・刊）
『CD-ROM版　指導計画立案ノート①　0歳児の指導計画』（塩野マリ・編著／ひかりのくに・刊）

ハッピー保育books①
先輩保育者がやさしく教える
0・1・2歳児担任の保育の仕事まるごとブック
2009年4月　初版発行
2017年12月　24版発行

監修者　鈴木みゆき
著　者　池田かえる
発行人　岡本　功
発行所　ひかりのくに株式会社
〒543-0001　大阪市天王寺区上本町3-2-14　郵便振替00920-2-118855　TEL.06-6768-1155
〒175-0082　東京都板橋区高島平6-1-1　郵便振替00150-0-30666　TEL.03-3979-3112
ホームページアドレス　http://www.hikarinokuni.co.jp

印刷所　凸版印刷株式会社

Printed in Japan
ISBN978-4-564-60739-4
NDC376　160P 18×13㎝